開校60周年記念誌

学校ってなんだ？

北星余市高校に転がってる〝きっかけ〟

北星学園余市高等学校

変わったもの、変わらないもの、変えないもの

北星学園余市高等学校長　今堀　浩

北星学園余市高等学校が開校して六〇年の節目を迎える年になりました。

開校当初より、その時代の若者が抱える課題や問題に向き合い、悩み苦しむ高校生が多く集う学校として存在してきました。公立高校の受験に合格しなかった人、偏差値教育や部活動の環境についていけなかった人、学校という空間に居場所を見つけることができず非行や不登校を選ばざるを得なかった人……。また、北星余市の環境が楽しそうだからと入学した人もいました。いろんな個性の集まる学校として六〇年間在り続けています。

様々な理由で入学してきた生徒たちが、ここの学校生活で得たものとはなんだったのでしょう。私が勤め始めた一九九〇年代は、「最後の砦」と言いながら高卒の資格を得ることを目的としていた生徒も少なくありませんでした。非行や問題行動を理由にされ地元の高校への進学が叶わなかったり、地元の人間関係から離れなければ次に進めないという生徒たちが多くいたように記憶しています。そればかりではなかったのですが、いずれにせよ高校卒

業の資格を得るための選択肢が少ない時代でもあり、本校がそのような希望を持つ子どもたちの受け入れ先として存在していました。

ここ数年は、入学時に提出してもらう志望理由書に、「青春したい」「普通の高校生活を送ってみたい」「毎日学校に通いたい」と書かれているものをたくさん見かけます。勉強や部活、友達との放課後の時間など、高校生として学校で当たり前の経験を味わいたいという思いが伝わって来ます。学校行事を始めとする「非日常」の経験はもちろん、友達や寮下宿の管理人さん、先生たちと授業中や放課後の時間に関わる「日常」が、自分にとって大切なものになるということを直感的に感じ取っているようです。

いつの時代においても、思春期の真っ只中で迷ったり悩んでいる子どもにとって、北星余市高校の教育が一条の光となってきたことは紛れもない事実です。

この本に原稿を寄せてくれた子どもたちの文章に、「ここの学校生活で得たものは何だったのか」が経験に基づくことばで記されているはずです。きっと、良かったことだけではなく失敗や間違い、うまくいかなかったことも含め、寄り道や遠回りをしながら積み重ねてきた経験が彼らの力になっていることが伝わってくると思います。その力は、「他の人との関わり方」とでもいえば良いでしょうか。それはコミュニケーション能力とでもいえば良いでしょうか。でもそれは、決して「明るいキャラで臆せず他人と関われるような、話し上手」である必要はないのです。本当に必要なのは、自分の困りごとをきちんと自分なりに理解して、必要であれば他人に助けを求めることができることや、困っている人を見かけた時に「どうしたの?」と声をかけられる、そんな力をイメージしています。そして、子どもたちにはそのような力を身に付けて欲しいと思います。

自分一人では手に負えない課題や出来事に向かう時、「一緒にやって欲しいんだけど」「助けてほしいんだけど」と、素直に自分の困りごとを伝えられれば、周りも自分もどれだけ楽になるでしょうか。一般的に、できないと言うことや助けてもらうことに対して恥ずかしいという感覚を持ちがちです。でも、一人でできることには限界がありますし、広がりは一人の範囲で終わってしまいます。自分の周りにはいろんな人がいるのですから、広がりを持たせた方が面白いし自分も成長します。そんなふうに周りと繋がれる勇気というか飛び込む力が本当のコミュニケーション能力だと思います。そしてもう一つ大切なのは、そんなふうに飛び込んできた人を受け止める側の力も必要です。「できない」「助けてほしい」というメッセージを受け止める側もまた、コミュニケーション力が問われます。メッセージを送る側も受け取る側も共に「人は違って当たり前」という大前提の上に立つことができていないと、こういう関係性は築けないでしょう。北星余市の生徒たちは、そのあたりの意識が自然に育つ環境（これは教師からのはたらきかけというより、上級生から受け取るメッセージが大きく影響していると思います）の中で生活しています。

そんな体験や経験を思春期に得たことで、人との向き合い方に広がりや深みを持たせることができるようになったという話を何度も耳にしました。社会に出るにあたって、きっと一番必要な力なのでしょう。

さて、時代が変わったということばで括りたくはないですが、子どもたちのタイプは随分と変わっています。社会的にも、いわゆる非行系のタイプは少なくなっています。ただ、子どものタイプが変わったとはいえ、苦手意識を抱えたり上手く周りとつながれないことによって、自身の生き方に悩む若者はいつの時代にもいます。その時に導いてくれる大人や寄り添ってくれる先輩の存在が、この学校にはたくさん散らばっているのだと思います。そしてこの先何年経とうが、若者は悩むでしょうし、その時代の課題に振り回される子どもは存在し続けるでしょう。そんな子どもたちの居場所であり続けたいと考えています。

もう一つ、本校の柱となるのはキリスト教の教えです。

私自身はクリスチャンではありませんが、聖書に触れながら「本当に北星余市とキリスト教はしっかりとつながっているな」と感じることが多々あります。そのように感じ取れる聖書のことばをいくつか紹介します。

●「鉄は鉄を持って研磨する。人はその友によって研磨される」（箴言二七・一七）

●「体は、一つの部分ではなく、多くの部分から成っています。……一つの部分が苦しめば、すべての部分が共に苦しみ、一つの部分が尊ばれれば、すべての部分が共に喜ぶのです」（コリント一二・一四〜二六）

これらは、人と関わる体験を通して、自分のあり方や他者との関わり方を学び、社会性を身に付けてほしいという思いが表されている箇所です。実生活の中で他者と関わり成長するということは、思春期にこそ味わってほしい大切なことだと考えています。また他者の存在を大切なものとして考えることのできることばです。

●「求めなさい。そうすれば、与えられる。探しなさい。そうすれば、見つかる」（マタイ七・七）

●「新しいぶどう酒は、新しい革袋に入れるものだ」（マタイ九・一七）

●「疲れた者、重荷を負う者は、だれでもわたしのもとに来なさい。休ませてあげよう」（マタイ一一・二八）

こちらは、新しい環境に飛び込み、その環境の中で「ありたい自分」に成長するきっかけにしてほしいことばです。これまでの自分に囚われずに挑戦してほしいし、また周囲の期待に応えなければならないと背負いすぎているような人も、一人の弱い人間としてそこからスタートしてほしいと思います。

●「あなたたちは真理を知り、真理はあなたたちを自由にする」(ヨハネ八・三二)

これは古くから北星余市高校で大切にされていることばです。以前は「真理は汝らに自由を得さすべし」と表現されていたので、古い方はこちらの方が馴染みがあるかもしれません。残念ながらこのことばが本校の聖句として選ばれた経緯は辿れませんでした。しかしこのことばは、社会の矛盾や不公平の根源をしっかりと見つけることで、また本当に大切な事柄を自分のものとすることで、自信を持って生きていくことができると信じて選ばれたのではないでしょうか。

このように聖書の中には、これからも大切に考えていきたいことばがあり、それらは北星余市の教育の支えとして側に置いておきたいものです。

これからの時代がどのように変化していくのか、その振れ幅もスピードも想像がつきません。その社会は、今の若者にとって生きやすくなるのかどうかもわかりません。しかし、人が人と関わりながら社会を営んでいくことはこの先も続いていくはずです。自分を取り巻く環境や関わる人に関心を寄せている限り、つながりを維持していけると信じています。どこかに繋がっていることは、その先にも繋がる可能性があります。そのつながりを活かし、自分の居場所を大切にしてほしいと思います。そしてつながりの中で弱い立場の人や困っている人に寄り添える、そんな人になってもらえればと願います。

開校六〇周年を迎えるにあたり、これまでのご支援に感謝を申し上げます。これまでの歴史を振り返り、そしてまたこの先も歴史を紡ぎながら、若者の未来をつくる教育を営んでいきたいと考えます。

最後になりますが、本校を応援していただく皆様から、六〇周年式典に向けた多くのご寄付をお寄せいただきました。記念誌の刊行にあたり、その寄付を活用させていただきました。また、多くの方に手に取っていただきたいという思いを込めて、この価格といたしました。ご寄付をお寄せくださった皆様、そしてこの本を手に取ってくださった方に感謝を込めて、お礼とさせていただきます。

北星余市ってなんだ？

北星余市高校には、個性溢れる生徒たちが
全国から集います。
転がってる「きっかけ」に、どのように気づき、
それを手にし、卒業した今なおどのように育てているのか、
卒業生たちの思いに触れてください。
失敗も、成功も関係なく、あの時の青春を
うまく引きずり、逞しく生きている姿が見えてきます。

卒業してから見えてきた「古くさい」教育

40期　髙崎（國久）　麻美（2007年 卒業）

●東京から余市へ。卒業から８年後、母校北星余市の事務職員に

必死に親を説得して入学した北星余市。大切な青春だった。——けど、私は何を手にしたんだろう。母校で仕事をする今、生徒たちの姿があの頃の自分と重なる。当り前ではないけれど、当り前のようにあるこの場所を、守っていきたい。

「高校って行かなきゃいけないの？」

「何でみんな当たり前のように高校に進学するって決めてるの？」

「義務教育じゃないのに、何で偏差値の基準で進学する高校を決めなきゃいけないの？　てか、何で学校側から偏差値で自分を判断されなきゃいけないの？　もっと内面を見てくれるような学校はないの？」

と、当時中学校三年生だった私は高校進学に対して疑問だらけだった。〝中学校を卒業したら高校に行く〟というレールに、なぜみんな疑問を持たずに必死に受験勉強をして、偏差値だけで判断された高校に進学するのかが全く理解が出来ず、周りがそれに疑問を持たないことにも違和感があった。

それでも選択しなくてはいけない時期が迫ってくる。そんな時にバスケットのスポーツ推薦の話が舞い込んできた。違和感がありながらも〝高校には行かない〟と決断することも出来なかった私にとって、とてもタイミングのいいものだった。好きなバスケも出来て、勉強をしなくても入学が可能なうえに学費も三年間免除。兄が高校を中退していた為、私には高校に進学してほしそうな母の思いにも応えることが出来る！　ということで、推薦の話をいただいた高校へと進学することにした。今思い返せば中学卒業後に学校や会社など、〝どこにも所属しない〟ということが少し怖かったのもあったかもしれない。

不本意ではあるもののバスケが出来る環境が嬉しくはあった。ただやはり練習がキツかった。体力も実力も追いつかず、少しずつバスケ部から足が遠のいていった。バスケをやるためだけに入学した高校だったので他には何もメリットを感じず、退部すると学費がかかって

卒業してから見えてきた「古くさい」教育

40期　髙崎麻美

しまうこともあり、私はそのまま退学することにした。

退学してからの生活はあまりよく覚えていない。最初のうちは地元の友人と遊んだりしていたが、高校に行くのが当たり前のみんなにとって私は〝高校に行っていない、ちょっと変わった人〟という認識をされているような言動を感じ、少しずつ周りの人と距離を置く様になっていった。「どうしてみんな分かってくれないんだろう？」というモヤモヤをずっと抱えていた。

ほとんどの日々を家で過ごしていたが、段々と何に対しても無気力になっていった。毎日家にいる私を見兼ねて母は外に連れ出してくれたが、「楽しい！」とか「すごい！」とか、そういった感情はほとんど消えて、何を見ても同じ景色に見えていた。

「これからどうするの？」と毎日聞いてくる母に、自分自身でもどうしたらいいのか、どうしたいのか分からず、イライラをぶつけていた。中卒のまま就職するという自信もなかったし、何より友達が欲しかった。地元の狭い世界だけではなく他の人と繋がりたい。それならやっぱり高校に行かないと友達は出来ないだろうなぁ。でも行きたい高校も行ける高校もない。それにせっかく行くなら、同じ目的意識で集まった人たちがいるところがいい。欲を言えば、この自分の感じている〝違和感〟を共有出来るような人はいないだろうか。

そんな時に、中学校の同級生から「私の友達が通っている高校がテレビで放送されるよ」とメールが来た。それこそが北星余市のドキュメンタリー番組だった。それを観た瞬間、衝撃が走り、まさにビビビっときた。「私が行きたいと思っていたのはこういう高校だ！ この高校に行きたい‼ いや、絶対行く‼!」初めて心の底から行きたいと思えた学校だった。当時、何本か北星余市の番組をやっていたのだが、その度に私はそこに自分がいることをイメージしながら観ていた。〝心躍る〟とはまさにこのことで、一気に目の前が明るくなった気がした。

思ったら一直線。やりたいと思ったことは何としてでもやり遂げたい性格の私は、まず親の説得から始まった。まさか北海道に行きたいと言い出すとは思わなかったのだろう。すぐに反対された。覚えているのはA４サイズの用紙に行きたい理由をビッシリ書いて、「この高校に絶対に行きたい！」と、毎日ひたすら訴え続けたこと。行かせてほしくて涙する私と、行かせたくなくて涙する母。最終的に根負けした母は賛成というか、渋々ＯＫしてくれた。「今まで関わったことのないタイプの人がいっぱいいるよ？」「北海道は寒いよ？」と母なりに私が「行かない」と言いそうなことを並べたのだろうが、そんなことぐらいでは私の気持ちは揺るがない。雪の日に余市で面接を受けたことを今でも覚えている。

卒業してから見えてきた「古くさい」教育

40期　髙崎麻美

そして二〇〇五年、北星余市に入学。入学前の不安は全くなかった。テレビで観ていたあの空間に自分が居られること。そう考えると楽しみ以外何もなくて、早く行きたくて仕方がなかった。ドキュメンタリー番組やドラマの影響もあってか、私たち四〇期は一クラス四〇人ほどいて、六クラスでのスタートだった。私は不登校でも悪いことをしてきたわけでもなく、俗に言う〝普通〟のタイプだったが、そこには本当に様々なタイプの人がいて、これからみんなとどんな学校生活を送ることになるのだろうかと色んな想像が張り巡らされた。

失恋した私を励まそうと友達がラーメン屋さんに連れて行ってくれたこと。友達と浜でアイスを食べて、よく覚えていないけど楽しかったこと。クラスの子と揉めて、ちゃんと解決出来なかったこと。高校生活最後のスポーツ大会で優勝出来なくて泣いたこと。一つ一つは小さいけれど、今思い返すとどれも大切な思い出で、あの時間こそが〝青春〟っていうことだったんだなと、今になって思う。

さて私は北星余市での三年間で何を学び、何を頑張り、何が変わったのか。それなりにクラスでの活動や生徒会活動はしていたが、出てきた問題に最後まで向き合うことなく、途中で投げ出して逃げていたように思う。そのせいで一つ一つが中途半端な結果となり、消化不良のような状態のまま卒業してしまったと感じている。

果たしてこんな私が北星余市を卒業したと言っていいのだろうか、言えるのだろうか。若干の恥ずかしさもある。なぜそう思うようになったのか。それは私が北星余市の事務職員として働くことになってから気付いたことであった。

では、そもそもなぜ北星余市で働こうと思ったのか。それは私の卒業後に遡る。

私は卒業後、地元に戻り専門学校に通っていたが、すぐに退学してしまった。退学した理由はよく覚えていないが、きっとそれも中途半端な志に過ぎなかった自分のせいだ。その後はしばらくフリーターをしていたり、何ヶ月かニートだったりと北星余市に入学する前のような生活に戻ってしまっていた。むしろ入学前の状態より悪かったかもしれない。この先自分の将来がどうなるのか、不安な毎日が続いていた。

そんな中でも三年前とは違う点が一つだけあった。それは〝北星余市を卒業した〟という点だ。その誇りは、つまずいた時に奮い立たせてくれるきっかけになっていた。一六歳で親元を離れると自分で決めたこと。そこで少なくとも卒業することが出来たこと。ここで駄目になっていたら、あの時の三年間が無駄になってしまう。全国各地で同じように仲間が頑張っているのだから、私も頑張らなくては！　という思いが、ことあるごとにこみ上げてきた。

卒業してから見えてきた「古くさい」教育

40期　髙崎麻美

当時は早く卒業したいという気持ちばかりで北星余市の存在の大切さや、その有り難みに気がついていなかったけれど、私にとってこんなにも心に大きく残っているものなのだと、その時に初めて気がついた。

先生達や友人含め、人を過去や外見などで判断するのではなく、ありのままを受け入れてくれて、安心して居られる場所だった北星余市。当たり前ではないけれど、当たり前のようにそんな場所があることに感謝の気持ちでいっぱいになった。それから私の中で「母校に恩返しがしたい、力になりたい、いつか北星余市で働くことが出来たら……」という思いがずっと胸に残っていた。

そんな時、当時担任だった今堀先生が出張で東京に来た際に、「北星で働いてみたかったな」と呟くと、ちょうど事務職員の募集をしているところだった。そして、ありがたいことに採用してもらうことになり働くこととなった。あの時、あの時間がなければ今私は余市に、いや北海道にすらいない。巡り合わせとはこういうことなのだろうか。

こうして私は二〇一五年から北星余市の職員室で事務職員として勤務している。数年前はここに自分も居たのかと思うと不思議というか感慨深いものがある。

働き始めてから、先生達がこんなにも一人一人をよく見ていること、毎日生徒と向き合い自分ごとのように悩み考えていること、こんなにも生徒に時間をかけているんだということを知った。

そして何より一人一人の生徒のことを担任だけではなく職員室にいる教員全員が把握していることにも驚いた。全員で見守っているという姿勢があるからこそ、北星余市の職員室は温かい雰囲気なのかもしれない。

本校に入学してくる生徒は実に多種多様だ。だが北星余市に辿り着いた過程は違くとも、今の自分を変えたい、楽しく学校生活を送りたい、卒業したい、という根本は何年経っても変わらないのだと思う。

北星余市では嫌でも人と関わらなくてはいけない時が山ほどあるので、人間関係の悩みは付き物だ。最初のうちは自分の事で精一杯だった人も、だんだんとクラスや周りに目がいくようになり、その悩み事もいつの間にか自分のことから周りのことへと変化していく。そんな風に悩んでいる姿を見ると羨ましくもある。そして私は当時の自分自身に重ねてみるようになった。

私はクラスや周りの友人のことをちゃんと見ていただろうか。クラスで今何が起きているのか、そしてクラス一人一人の事を知っていた、知ろうとしていただろうか。生徒会執行部

卒業してから見えてきた「古くさい」教育

40期　髙崎麻美

として、学校全体や生徒のことを考えた動きをしていただろうか。自分には何が足りなくて、どんな部分を直したらいいのか考えたことがあっただろうか。おそらく当時はそんなことは考えていなかったと思う。多少はそれなりに考えていたのかもしれないが、今の生徒達の様に相手の立場になって考え理解し合おうとしたり、周りやその物事に真剣に向き合ってきたという感覚はなく、とても自分本意なものだったと思う。

今更になって、あの時こうしていたら……という〝たられば〟ばかりが膨らみ、一七年の時を経た今後悔をしているという何とも情けない話である。

北星余市は自分自身と向き合わせてくれる場所。必然的に向き合わざるを得ない場所。様々な価値観を持った人と関わる事で視野が広がり、自分自身も他者も認め受け入れ、違っているということが間違っていたり駄目なわけではなく、違う人がいていいということ。違いを認め合い、足りないところは補え合える場所。でも本当に間違っていることは指摘しあえて、それについてみんなが考えることの出来る場所だ。

北星余市には学校生活の中で、そうやって気が付いたり、考えさせられたりする場面が数多く存在する。教員も要所要所で、その生徒が考えるきっかけになるようなポイントを与えてくれる。きっと、そういったことは社会に出たら誰も言ってくれないし、気がつかなかったら、そのままで終わってしまうだろう。だから、こんなにもきっかけが転がっている北星余市は何度でもチャンスがあるし、とても貴重な場所なのだと思う。

それも北星余市で働きだしてから気がついたこと。当時の自分には気がつけなかった。だからこそ余計に生徒達には、そのきっかけ一つ一つを見逃さないでほしいし、見て見ぬ振りはしてほしくない。今しかできないことは本当にその時にしか出来ない。あとから悔やんでも、どうしようも出来ないことがいっぱいある。私みたいに後悔のないようにしてほしいと切に願う。

後悔ばかりを書いてしまったけれど、北星余市に入学をしたことを後悔しているわけでは決してない。その当時、たくさんのきっかけがあったはずなのに、それを見ようとしてこなかった自分自身に後悔しているのだ。当時気が付けていたら、その後社会に出てからもきっと様々な角度から物事を見ることが出来ただろうし、周りとの関わりも変わっていたかもしれない。まぁそれも含めて今の自分なので、今は今で良いのだとも思っている。

そんな私でも一つだけ確信を持って言えることがある。それは今の私を作ってくれたのは間違いなく北星余市という存在、そしてそこで出会った人たちのおかげであるということ。

北星余市に入学した人が〝北星に来て変わった〟という言葉をよく聞くが、私はそれは違

卒業してから見えてきた「古くさい」教育

40期　髙﨑麻美

うと思っている。〝北星に来て変わった〟のではなく、〝本来の自分を取り戻した〟という方が近いと思う。自分は自分のままでいていいのだという安心感が得られた時、自分の居場所を見つけられた時、人は格好つけることなく本来の姿でいられるのだと思う。そして自信がついてくると、更に最大限の力を発揮出来るのではないだろうか。だから、変わったのではない。元々持っているものが開花され、生かされていっているのだと私は思っている。

誰かが「あなたはあなたのままでいていいんだよ」と言ってくれたわけではないのだが、北星余市にはそんな空気感が溢れている。だから私も安心して三年間を過ごすことが出来た。

北星余市の教育や考えは古くさいのかもしれない。今の時代に合っていないこともあるのかもしれない。でも、この先〝人と関わる〟ということ自体に大きな変化はないだろうし、やはり人と人との直接の関わり合いの中だからこそ考えられることや、感じることができるもの、生まれるものがあると信じている。

今、私は生徒募集活動に携わり、電話相談などでお子さんの状況などを聞く機会が多い。話を聞いていると、北星余市の存在を知ってから希望を見出し、少しずつ前向きになっていっている子。中学校には全然行けていないが、高校では青春したいと思っている子。通信制の学校もいいけれど、社会に出たら人と関わらずにはいられないから、北星余市で人間関係をきちんと築きたいと思っている子。親元から離した方が我が子の為になると考えている保護者。そして多くの生徒、保護者の方が「北星余市に行って良かった」と言ってくれている。卒業後も様々な場面で幾度となく応援してくれるＰＴＡ ＯＢの方々や、「なくならないでほしい」と嘆く卒業生。北星余市で働いてから、こんなにも応援してくれている人達が全国各地にいることに本当に驚いた。この場所を大事だと思ってくれている人や、これから必要としている人達が、きっとまだまだいるはずだ。そんな人達の為にも、この北星余市は存在し続けないといけないのだと思う。

私にとっても、みんなにとっても大切な場所である北星余市。今日もそしてこれからも、この北星余市を守る為に、向き合いながらも挑戦していこうと思う。

ずっと誰かの居場所であってほしい

43期　伊良部（石橋）　由季子（2010年 卒業）

●子どもと一緒に平和を願う人

卒業後、沖縄で暮らした。インド留学も経験した。北星で「人を人として捉えること」を学んだ私は、沖縄でもインドでも差別的な現実を目の当たりにした。だからこそ、他では大切にされないかもしれない北星余市での学びの大切さを実感している。

私にとっての『北星余市』は「わたし」を変えてくれた場所。自分の〝柱〟となるものを育ててくれた場所。今でも思う、「あの頃が一番必死に『生きていた』」って。

私は中学で不登校になって、みんなの「普通」から外れた。「自分の中の違和感」に嘘をついてまで通う価値なんてないと思った。自分で選んだことだったけど「みんなができている当たり前ができない」のは劣等感の塊だった。学校という社会（集団）に馴染めなかった私。だからこそ、より「なかま」や「集団」を強く求めるようになっていた。「自分がありのままでいられる」「今の嫌いな自分を変えられるかもしれない」と思って選んだのが『北星余市』だった。

北星余市の始まりというのは静かに学校で過ごせる日なんてない。毎日誰かしらが何かしらの騒ぎをおこして、クラスや学年がそわそわしている。そんな日々のなかで私は毎日のように「ここは私のような〝普通の人〟が来る場所じゃなかった。私の居場所はない。もう嫌だこんな所」とかばっかり考えて、いつ和歌山に帰ってやろうかと思っていた。それでも自分の中で「この環境に挫けてここを辞めて地元に戻ったらまた同じような繰り返しになる。それは嫌だ。ここで変わりたい。成長したい。ここに居たい」という強い気持ちも同時にあった。毎日ぎりぎりの感情だったあの頃の私は、この気持ちがあったから踏ん張れたんだと思う。

一日一日を過ごすことで精一杯の一年を終えて、大きな転機となったのは二年の本間ちゃん（注：本間涼子先生）のクラスになったことだった。四一期の先輩方や生徒会の姿に憧れ

ずっと誰かの居場所であってほしい

43期　伊良部由季子

ていた私は、この頃すでに「生徒会執行部」が頭の片隅にあり、クラス委員長に立候補した。本間ちゃんや寮母のひぃちゃん、いつも素直で嘘のない言葉をくれる親友に背中を押してもらって踏み出すことのできた大きな一歩だった。

さっそく強歩遠足に向けての動きが始まった。「ものを作ることも人をまとめることも苦手な私がみんなのためにできることは、委員長としてできることは」というのを考えていた。結局そんなのは考えても分からなかったから、とりあえず「自分が一番に動かんとどうにもならん」ってことと「みんなと同じ時間を共有したい」という気持ちに従った。私は、毎日放課後、みんなの作業につきあって最後の人が帰るまで一緒にいた。毎回そうしているうちに私の他にも最後まで一緒に残ってくれる人たちができて、みんなと遅くまで残って作業しているのが、ただただ楽しかった。その時間を通して自分を知ってもらえること、相手を知っていけること、少しずつ関わり方がつかめてくることがすごく嬉しかった。本番ではクラスの最後の子がゴールするまで一緒に待ってくれていた子たちがたくさんいたこと、最後に写真を撮る時にはすぐに帰っちゃいそうな意外な子まで残っていてくれたことに気づいたり、そんなことが嬉しくて泣いたのを覚えている。

北星祭でも装飾班や調理班など、どのグループの話し合いや作業にも参加して、最後の作業が終わるまで一緒に過ごした。なかなか参加してくれなかった子も毎回声をかけていくうちに少しずつ関わってくれるようになって、そこからまたそれぞれの得意なことや苦手なことが見えてきたり、その人となりが分かってくると前よりも緊張せずに話せるようになっていることに気づけたり。そんなひとつひとつが嬉しかった。学校行事を与えられる側でなく、中心になって作っていく側の経験をして「何かに向ってみんなと一緒に作り上げていく、その機会を通じて幅広く動ける楽しさ」を知った。そして、「そんな中で自分の体力と時間を削りながらみんなと何かに向っている自分が好きだ」ということにも気づいた。今までとは違う〝充実感のある疲れ〟の心地よさを感じた。表現の仕方も個性もばらばらなみんなで何かひとつのことをするというのは全く簡単なことではなかった。でも本番では料理が得意で美味しいそば飯を作ってくれる人、外見の良さと顔の広さでいっぱい売り歩いてくれた人、休まずに裏方で動き回ってくれた人、それぞれがクラスのために力を発揮してくれた。あの頃の私は本間ちゃんの次くらいにクラスのみんなが好きやった。

ちなみに、三年の学祭では二年の時をはるかに超える団結力を見せてくれ、ドラゴンボールをテーマにした装飾のクオリティーも餃子の味も最高だった「本間の王将」はもちろんクラス企画部門の最優秀賞をもらって発表の瞬間には「そりゃそうや‼」ってツッコムくらい

ずっと誰かの居場所であってほしい

43期　伊良部由季子

みんなで歓声あげて喜んだ。合唱は本間ちゃんの好きなウルフルズの「とにかく笑えれば」をみんなで手をつないで大きな口を開けて声を出して歌って（練習ではしぶって歌ってくれなかった人も）、それが最高に気持ちよくて楽しくて嬉しくて、「自分たちの合唱が一番やった!!」と達成感のつまった大満足の学祭だった。

二年の修学旅行実行委員は例年この中から次の生徒会のメンバーがあがってくるから「一緒に生徒会をやりたい！」って思う子を実行委員に誘った。でもこれが断られるわけですよ、だいたい。「力があるのになんで！　それを発揮できずに、みんなに知ってもらえないままなんてもったいない！」って悔しくて職員室で愚痴りながら泣いたのも今では懐かしい。今までは自分のクラスの中だけだったのが、学年に広がって一緒に会議や作業をしていく中でみんなの前でも自分の意見を主張できるようになったり、お互いに人となりを知ることができていく日々が本当に嬉しくて、たぶん大変なことはいっぱいあったんだろうけど毎日の実行委員の会議や作業の時間が好きだった。

生徒会選挙に向けて、私はまたウジウジと迷っていた。「私が生徒会なんかに出て全校生徒は受け入れてくれるだろうか」って。そんな私は背中を押してもらいたくて、自信を与えてもらいたくて本間ちゃんに話をした。返ってきた言葉は「いつまでも誰かに背中押してもらおうとするな!!」。いやぁ、あの時の私にとってはめちゃくちゃ衝撃な言葉で、今までずっと誰かに背中を押してもらって〝人に与えてもらった自信〟で動いてきていたことに気づけた瞬間だった。

生徒会執行部の経験を通して知ることができたことはたくさんある。「〝なぜそれをするのか〟という目的と〝それを通じてどうなっていって欲しいのか〟という目標を考えることの大切さ」「自分たちが目指す方向や互いの考え・意見を共有し合うことの大切さ」「仲間となにかを作り上げていく過程で気づく、互いをにさらけ出してたまにはケンカをしたりもしながら、互いを知って、受け入れ認め合うことの大切さ」。やっぱ一番感じたのは、〝仲間と共になにかを作り上げるために共有する語り合いや作業の時間というのは、真面目にやってる時もふざけて笑い合ってる時も、どんな時間もなにひとつ無駄じゃない。みんながいたから、一緒にやれたから、私の生徒会生活は毎日がとっても充実していた〟ということ。

そして、一年生の時は「こんな場所で三年間も過ごして卒業なんて迎えられるわけがない」と思っていた北星余市を卒業した。

——北星でわたしが教えてもらったこと。

「人は大きく変われる」ということ。それにはどんな人と出会い、何を経験し感じとるこ

ずっと誰かの
居場所であってほしい

43期　伊良部由季子

とができるのか、〝自分を素直に表現できる居場所〟が不可欠であること。自分と違った容姿や生き方の人でも「同じように〝人〟や〝居場所〟を求めている人間なんだ」と気づくことで偏見や関わる抵抗感を変えてくれた場所。

「みんな人を求めている。とても〝人間らしい人〟の集まり」。それは、人が人として生きていく上ですごく自然なこと。迷い、悩み、怒り、もがき、泣き、笑い、考え、喜び、悲しみ……人として、他者との関わりがあるからこそ得られる感情を経験する。普段は、やんちゃとか真面目とか、そういう似たもの同士で集まるけど、それを越えて違うタイプの子もお互いに認め合える関わりができていた。そして、〝素直に自分をさらけ出す〟ことを覚える。社会には色んな人がいる。その中で「自分として」生きていくことを教えてくれた場所。

「なぜ?」の大切さ。表面に見えることだけでなく、「なんでそれをするのか?したのか?そう思うのか?どう考えるのか?」を追及される。だから、向き合わされる苦しみはもちろんあるけれど、それを考えさせてもらえるありがたさがある。そして、〝自分ひとりで何か変える〟じゃなくて〝自分が何かを変えたいと思って動いていればその機会は必ず得られるし、そんな姿を見ていてくれて、それを支えてくれる人たちが必ず周りにいる〟ということ。こんな風に振り返ったら、北星余市で得たものは〝人(集団)との関わり〟に尽きる。

北星を卒業して、北国生活から次は南国生活をしてみたい、リゾートな沖縄とは相反する米軍基地や沖縄戦についても学びたいと思い、沖縄の大学に進学した。当時の沖縄はまだまだ基地に関する話題はタブーな雰囲気が強かった。それでも大学には民主的な考え方の先生方が多かったことや、同じような問題意識をもつ仲間と出会えたことで、沖縄戦や歴史観について学びながら辺野古（新基地建設が強行されている）や東村高江（集落を囲むようにヘリパッドが建設されている）の座り込み、幾度も開かざるを得ない抗議集会に参加していた。

そんな中で大きな転機となったのは、二〇一二年に輸送機ＭＶ22オスプレイ（構造的欠陥が指摘されている機体）が沖縄に配備されることが決まった時だった。「配備反対」の意思表示として基地のゲート前に座り込み完全封鎖をした瞬間、機動隊に大根抜きをされていく仲間の姿、それでもみんなで唄を歌い、涙を流しながら訴える姿、それをフェンス越しに外のこととして傍観している米兵の姿……あの光景が、押しつぶされそうになる胸の苦しさが、今でも忘れられない。どんなに私たちが抵抗しても、「やめてくれ」「命と生活を守ってほしい」と声をあげても、踏みにじられ、まったく届かなかった悔しさが。

私は大学の仲間とオスプレイ配備反対の意思表示をしながら、学内で人が集いゆんたく（うちなーぐちで「おしゃべり」の意味）できる場をつくったり、学習会を開いたり、学内や座り込みの現場で集めた声を日本政府とアメリカ大使館に届けるという、自分たちなりに考えつくあらゆる行動をしてきた。私は中学生の頃から学校の校則や制服、社会に対して「おかしい」をたくさん感じていた。それまでの「頭で分かっているおかしさ」が沖縄での生活を通して「心と体、全身で感じるおかしさ」、「自分事」へと変わった。大学を卒業して数年後に沖縄を離れてから、「自分事」であったものが薄れていく日々で、そんな自分と葛藤することもあるけど、やっぱり私の問題意識の根底には「沖縄」があるし、私にとってもうひとつのルーツになっていると感じている。

インドでの留学生活も、今の私に大きな影響を与えてくれたもののひとつだ。大学三年の頃、私は自分が社会に出ていくことに漠然とした不安を抱えていた。このままではダメだと休学して大学を離れ、卒業生のつながりもありインドに行くことにした。インドで過ごした日々は正直、楽しかったよりも辛かった方が大きい。日本と違いすぎる環境に高熱が出たり生理がとまったり、心身へのダメージは想像以上に大きかった。それでも、日本では触れることのできない（ただの観光旅行でも味わえない）現地の人たちの日常を知り、共に生活をするとても貴重な経験がつまった日々だった。日本よりも明らかに目に見える貧富の差とカースト制度、同じ国でも農村と都会では文化や生活スタイルが大きく違う。留学先では農村地域に住む若者や女性たちが有機農業や生産加工、母子保健などを学び、持続可能な地域をつくっていくソーシャルワークが行われていた。同級生はインド人ばかりだったけど、民族の言語や文化の違いもあり、関係が良好とは言えず、私が間を取り持つことで関わりができていた。毎朝自転車に乗って畑に行って農作業、昼間は授業を受けて、同じ食堂でご飯を食べて、同じ部屋のベッドで眠る。そんな日常の関わりの中で、「言葉や文化は違えどみんな同じ人間である」こと、「コミュニケーションに最も大事なのは〝言葉〟じゃなくて、〝人間性〟である」ことを実感することができた。この経験は、今ソーシャルワーカーとして働く上で大切な気づきをくれたと感じている。

北星余市を卒業して一四年……過ぎてしまえばあっという間。北から南へ、大学で沖縄に行って、色んな選択肢と迷いを経て今は地元の和歌山に戻り、障害や不登校、引きこもりなど社会で生きづらさを抱えている人たちの相談や居場所の支援をしている。私がこの仕事を選んだのは「社会で弱い立場に置かれている人たちに寄り添える人でいたい」と思ったから。それは、私自身がたくさんの温かい大人や仲間と出会ったことで回復し、「生きることを楽しむ」ことができるようになったからだ。

この仕事で大切にしていることと北星余市は通ずるものがあると感じている。本来はみん

ずっと誰かの居場所であってほしい

43期　伊良部由季子

なそれぞれの色があるはずなのに、厳しい校則や社会のルールで同じ色に染められていく。そして自分を表現できる居場所をなくしていく。北星余市は校則で縛らない、それには何の意味もないから。「自分たちのことは自分たちで決めていいし、自分たちの居場所は自分たちでつくっていく」。私たちが基準としている障害者権利条約には「私たちのことを私たち抜きで決めないで（Nothing About us without us）」という合言葉がある。障害があっても〝その人がありのままに働き、暮らせるあたりまえの社会〟、それを私たちは目指している。

一〇年前、五〇周年記念誌『居場所』の原稿に私はこう書いている。

「自分が素直でいることを、素直な自分を表現することを認めて受け入れてくれた大人がいた。高校で、一〇代でそんな大人たちに出会えた私は幸せだ。だからこそ、私は今も『素直に生きる』ってことができてるんだと思う。素直に感じて、素直に表現して、素直に生きている。わたしは幸せだ。」

今の私はそんな風に生きられているのかな。

「自分はこれでいいんだ。自分の感覚を信じていいんだ」。北星余市で私は〝自分でつかむ自信〟を得た。「見て見ぬふりをしない」「自分の思いや気づきは言葉にして伝える」うんうん、それを大切にしようと思っていた。

でも、いつの間にか私は職場の人の「評価」を気にする自分に戻っていた。「自分を認めてもらいたい」「私はここで必要とされたい」そんな思いばかりが募り、それらが職場での快適な人間関係を築くことや気持ちよく仕事をすることの障壁となり、自分の中で緊張感と窮屈感がどんどん形成されていった。少人数の職場集団での風通しの悪さや「立場の違い」を意識するばかりに「意見が言いづらい、議論できない状態」となり、「自分で考える」ことをしなくなっていた。同時に、「自分がその場で過ごす」ことに精一杯で本来の役割である「当事者支援」に真摯に向き合えていない私がいることも分かっていた。疑問や矛盾を感じても素直に言葉にすることができなかったし、解決するために対峙する勇気も私にはなかった。解消されないモヤモヤがいっぱいになって、息苦しくて、自己否定の積み重ねの中で私の〝自分の自信〟はすり減っていき、身動きがとれなくなっていた。「自分を表現できない」ことがこんなにも苦しいことなんだと知った。でもその現状を変えられない自分が悪い。どろどろした自分に押しつぶされそう……わたしはこんな人じゃなかったはずなのに……ぐるぐるぐるぐる、そんな状態が数年続いた。それでも、「この人たちと一緒にやっていきたい。この場所を大切にしたい」そう思える魅力のある実践現場だったからこそ、私はそこに居場所を求めていたし、振り落とされないように必死にしがみついてやってきた。結

ずっと誰かの居場所であってほしい

43期　伊良部由季子

局自分で状況を打開することはできず、与えられた環境の変化に救われて、今は少しずつ自分を取り戻しつつある気がする。

北星余市で私は「〝人〟を〝人として捉える〟こと」を学び、それは今の仕事やライフワークの活動においても大きな影響を与えてくれている。「障害名」が同じでもみんな一人ひとり違う。その人の言動だけで決めつけない。どうしてそうしてしまうのか、どうしてそう思うのか、その背景にあるものを探る。私たちはそれがどんなに大切なことか分かっているけれど、同じ職種の人でも意外とそういう感覚を持ち合わせていない人も多いのが現実だ。

私はライフワークとして政治や社会について考える活動をしている。その一環として、今年の二月に職場の人も一緒に沖縄のフィールドワークを企画し、沖縄戦や基地問題をからめた沖縄の日常に触れて考えるきっかけになるような内容にした。そして三月に行った報告会は、共に考えていけるような場にしたいとの思いから「ともに考えるゆんたく会」と題した。フィールドワークはとても過密スケジュールの上にガイドをしてくださった方々が個性豊かな面々で情報量も豊富なため、振り返りとまとめにかなりの時間をかけた。その中で私たちが一番心動かされたのは、辺野古のガイドをしてくださった北上田源さん（沖縄平和ネットワーク事務局長、琉球大学教育学部准教授）が「（辺野古の新基地建設に対する抵抗として）

沖縄は今の日本の民主主義の仕組みを使って、考えられることは全部やっている（選挙や裁判とか）。その意味で言ったら、どこかで、民主主義を底上げしてほしい。それぞれの場所で、ちゃんと民主主義を機能させていくことが必要だと思う」と話してくれたことだった。「民主主義の底上げが必要」という言葉に私は心から納得したし、それが私たちに託されたことなんだと、報告会のテーマにした。

私たちが伝えたいこととして、①「単純に沖縄の置かれている状況・問題を知ってほしいということ」、②「本当の情報なのかどうか、報道されない真実もあるし、知る力をつけてほしいということ」、③「『日常に触れたい・知りたい』がスタートだったからこそ、沖縄の日常が私たちにとっての非日常だという違和感からくる課題。民主主義の底上げって非日常じゃダメなんだということ」を基に話をした。そして、「『民主主義の底上げ』＝自分の身近なこと、日常（生活や子育て、趣味や仕事）に目を向けて、気づいたことを考えて人と話す（共有する）ことから始めてみよう」と、その後にゆんたくの場をつくった。参加者は小学生から六〇代まで、年齢や立場の違う人たちと同じ「沖縄」というテーマで話をするとそれぞれの経験や思い、視点が違っていてまたそこから学ぶことがあったりしてとても面白かった。「私たちがつくりたいのはこういう〝ゆる～くゆんたくできる場〟だ」と実感したし、

ずっと誰かの居場所であってほしい

43期　伊良部由季子

それぞれの興味関心のテーマで人が集って語り合える時間を共有していくことが少しずつでも〝民主主義の底上げ〟に繋がっていくと信じている。

人と集って、語り合って、何かをつくりあげていける場を求めていたり、「何より自分たちが楽しみながら、したいことをやっていきたい」という私の思いのベースにはやっぱり北星余市での経験があると感じている。

私は「自分がしてきた選択があったから今の自分がある」と、そう思ってる。自分の人生に納得している「つもり」でいる。でも時たま気持ちが不安になると、心の底にしまってある卑屈な自分がぶわっとドロドロした感情と共に現れる。でも、前の自分と比べてそんな感情に引っ張られなくなった。「わたしは大丈夫。どこでも生きていける」。根拠のない自信はある。

沖縄だけでなく、ジェンダー差別にしても、原発にしても、仕事を通じて痛感する生活保護や優生保護の問題にしても、根幹には「構造的な差別」がある。無関心や傍観者であることがその構造的な差別を支えているし、その無意識が今の政治を支えている。「真実」とはなにか、それはどれだけ想像の幅をひろげられるかによって見えてくるものだと思う。「現実的な想像力をもつこと」を日々の生活、仕事の実践においても大切にしていきたい。

今の社会で生きていて、北星余市の存在ってものすごく貴重だなって、つくづく思う。目的の分からないブラック校則と「協調性」、自己表現を許さないのに何か問題が起きると自己責任論で片づけられる……。北星は「自分（なかま）を大切にする」「人を個人として尊重する」「多様な社会で生きる＝集団の中で育つ」ことを大切にしている。こんな学びは他の学校では大切にされないし、そんなことを意識しなくても生きていけるかもしれないけれど、より豊かにより自分らしく生きる力となるものを得られる〝学校〟。学校って本来そのためにあるんじゃないかな。

そんな学校がこれからもずっと誰かの居場所であってほしい。

六〇周年おめでとう！

友人がくれたきっかけ 仲間が教えてくれた達成感

46期　福嶋　淳一（2013年 卒業）

●仕事は俺の生き様。今の常識をぶち壊し、未来の教育を作り変える技術者になる。

しつこく絡んできた友人と正面からぶつかり、よくケンカした。よく怒られた。最高の青春だった三年間。人と関わり、自分の人生を決めていくことを学んだ。一度しかない人生、未知の世界へ飛び込み、まだ見ぬ世界を！今、確固たる自分を持って、社会と向き合う。

私は、中学校を卒業した後、神奈川県内の私立の高校に入学をした。高校に入学する前の自分の気持ちを表現するならば、まさにワクワクである。「友達と文化祭で青春したい」とか「彼女を作ってデートをしたい」なんて高校生がよく思っていそうなことを考えていたように思う。

春の入学式を終えてからしばらくは、毎日の高校生活が新鮮であった。少し大人になった気がするラッシュ時間の通学、今まで会ったこともないような同級生。これらは、大変で不安もあったが、はじめは学校に通うことが苦ではなかった。しかし、その後早々に学校に通うのが苦になったと思う。というのも学校にうまく馴染めなかったのだ。時間が経つにつれ、話し相手や関わる人が少しずつ減ったように思う。学校の帰りはいつも一人だった。周りを見て、笑いながら何人かと歩いているグループを見て、だんだん虚しくなっていったと思う。

私は、当時の同級生から疎まれるような存在だった。同級生と仲良くなろうと試みても軽くあしらわれる毎日。そんな状況だったので、少しでも周りからの目を引きたくて、ちょっとした暴力やいじめをするようになった。さらにエスカレートして、先生に向かって反抗をして机を投げたりもした。それらの素行不良が重なり、入学して半年も経たずに退学になった。退学を告げられた時、自分は泣いていた。もちろん、退学になったことがショックだったから泣いたのではない。自分はどこに行っても馴染めない存在なんだ、どこに行っても孤独なんだと、それを突きつけられて虚しくなって泣いたのだ。その時、二度と学校なんて行

友人がくれたきっかけ 仲間が教えてくれた達成感

46期　福嶋淳一

くもんかと思った。

その後は、運送会社でフリーターとして働きながら学校にも通わず、地元の所謂ヤンキーと言われる人たちと夜な夜な遊び呆けていたのを覚えている。夜中まで遊んで昼に起きてフリーターとして働くという、どうしようもない毎日だった。気づいたら毎日のように両親と喧嘩しており、家の中の雰囲気は最悪であった。

そんなどうしようもない毎日を過ごしてから、三ヶ月くらい経ったある日、母親がとあるパンフレットを持ってきた。北星余市高校のパンフレットだった。その時に言われた母親の言葉を今でも覚えている。「北海道にある北星余市という高校に行かないのであればこの家から出ていけ。余市に行くか、一人で生きるか選べ」だ。正直学校に行くのはもう嫌だったが、両親がかなり本気で行かせようとしていたので、軽く学校見学するつもりで北海道に行くことにした。

ちょうど秋が終わって肌寒い季節に、母親とおばあちゃんと一緒に学校に訪れた。北海道に初めて行き、到着したその日に学校で面接を受けた。その時の面接官だった田中亨先生に駄々をこねて「入学するつもりはない」と伝えた。多分、実家を離れて寮生活をして学校に通うということが現実味を帯びて、拒否反応を示してしまったのだと思う。そんな自分を見て、亨先生が「やる気がないなら入らないほうが良い」と言ったのを今でも覚えている。

その日は入学の判断を見送り、小樽のホテルへ戻った後、母親と思いっきり喧嘩した。母親は痺れを切らして、「行かないならここで死んでもいい」と言った。本気で死んでやると思ってホテルを飛び出した。寒い夜、小樽の街を一人で歩いていた。情けない涙を流しながら、自分一人では何もできないことを悟った。もう自分はここでやり直すしかないことを悟って、北星余市に通うことを決意した。翌日もう一回学校に行き入学することを決め、その日のうちに寮が決まった。学校の裏側にある栄光会館という寮である。

入学が決まった翌日から寮での生活が始まった。今まで実家以外で暮らしたことはなかったので、最初は不安しかなかった。その日は、二人の寮生に軽い挨拶をした後、自分の部屋で過ごした。それからすぐに北星余市での高校生活が始まったが、正直なところ高校一年生の時の記憶がほとんどない。クラスの人たちとも同じ寮に住んでいる人たちともあまり関わらなかったと思う。そして、生活する環境が変わったとはいえ、今までの悪い習慣はそう簡単に抜けなかった。学校が終わったらネットゲームをしたりアニメを見たりして朝まで過ごして、仮眠してそのまま学校に通っていた。学校でも基本寝ていて、ひどい時は一日中寝ている時もあった。

友人がくれたきっかけ 仲間が教えてくれた達成感

46期　福嶋淳一

しかし、高校二年生になり、とある同級生との出会いにより自分の高校生活が少しずつ変わり始めた。レオンという同級生だ。高校二年生にもなって相変わらず怠惰な学校生活を送っていたのだが、レオンは学校で寝ている自分に対して、容赦無く絡んできたのを覚えている。最初はめんどくさいヤツだなと思って無視をしていた。しかし、何ヶ月か経ったらレオンとよく話す仲になっていた。なぜ仲良くなったのかきっかけはよく覚えていないが、気づいたら友達みたいな感じになっていた。同級生に、「なんでそんなにレオンと仲が良いの？」と聞かれるほどレオンは自分とは正反対の存在であった。自分はあまり積極的に人とは絡まないタイプだったが、彼は同級生や後輩先輩いろんな人と仲が良かった。それまでは自分と趣味嗜好が近い人とか、同じ部活の人とか自分と似ているような存在としか仲良くなれないと思っていたが、そんなことは関係なかったのだ。彼とは仲は良かったが、北星余市での生活の中で誰よりも喧嘩をした。寮が同じ時期に、レオンの部屋でそれまでの人生でこんなに言い争いなんかしたことないくらいの言い争いをしたことがある。お互い顔を真っ赤にしながら口喧嘩して、しばらく口をきかなかったなんて出来事もあった。それまでは人と関わることを避けていたが、自分が思っていることをぶつけたり、衝突したりということをここで初めて経験したように思う。レオンとの関係をきっかけに、クラスメイトと話すようになった。一人殻に閉じこもった生活をしていたが、彼と友達になったことで少しずつ外との関わりが増えて、楽しいことだけでなく、辛いこともたくさん経験した。ある意味、彼との出会いがきっかけとなり、今まで逃げていた、人との関わりに向き合い始めたのだ。

レオンとは、外でよく北星余市を卒業したらどうするかなんて話をしていた。彼は「ビッグになる」という非常に曖昧な夢ではあったけど、ボクシングや英語の勉強を頑張っていた。そんな彼を見て、自分もそろそろ頑張らないとなと思ったのがきっかけで、朝までゲームをしたりアニメを見たりしていた生活をやめて、気づいたら規則正しい生活に戻っていた。高校二年の後半くらいからは、先生になりたいと思うようになり、大学進学を志して、少しずつ勉強も始めた。実は、私生活だけでなく両親との関係も少しずつ良くなっていった。二年ほど口なんかきかなかったが、会話をするようになった。きっかけはレオンとの出会いだったが、それが一つの起点となり自分の中で少しずつ変わり始めてきたという実感を持つことができた。

高校三年生になり、自分はクラスの委員長に立候補した。最後の一年、できるだけ悔いを残したくないなと思い、クラスの委員長になってみた。クラスの委員長になって自分の中で今にも思い出に残っているイベントの一つは、文化祭での合唱コンクールだ。合唱コンクー

友人がくれたきっかけ
仲間が教えてくれた達成感

46期　福嶋淳一

ルでは、本気で勝ちにいこうとしていた。当時他のクラスは、アルトとかテノールなどのパートを分けていなかったが、自分たちのクラスは合唱用の曲を選んでパートを分け、あえて難しい選択をして挑戦した。最初は難しくてメンバーごとのやる気に差が出ていたものの、自分自身がみんなの練習に付き合い続けたり、頑張っている仲間が呼びかけてくれたりして、不思議とみんながだんだん一致団結していったのを覚えている。賞をとったかどうかは忘れたけど、文化祭が終わった頃にはなんかクラスが一つになった気がした。最初はぶつかるのを恐れたり、なんで練習に付き合ってくれないんだろうと不満に思ったことも多々あった。しかし、それらの感情に逃げずにぶつかっていったからこそ、クラスのみんなとの絆が深まったと思う。

そして、高校生活の中で一番思い出に残っているのは三年生の最後にやった冬のスポーツ大会だ。ここでも徹底的に勝ちにこだわった。自分は男子バレーのチームに所属していたのだが、一番下手くそだった。メンバーが決まってからしばらくはチームの雰囲気があまり良くなかったと思う。少しでもみんなで最高のスポーツ大会にしたいと思って、朝練を自主的にやっていた。その当時、自分は大学の一般入試のために結構忙しくて本気で眠かったけど、すごい熱量で頑張ったのを覚えている。いざスポーツ大会が始まると、どんどん自分たちのチームは勝ち進んだ。決勝戦の相手は非常に強いチームだったが、ギリギリのところで勝った気がする。最初の頃は自分や他のメンバーが何かミスをするたびに、雰囲気が悪くなったけど、最後の方はお互い励まし合って戦って勝ったのだ。最後あまりの喜びで抱き合ったのを覚えている。今でも時々、元三Cクラスの同級生の塩ちゃんとサトシとは飲みに行くのだが、最高の思い出だったよねなんて話をしている。

これら二つの行事を通して、クラスのみんなとたくさんぶつかったけど最後は一つにまとまった気がした。もちろん、個人個人で仲の良さの違いはあるけど、みんな同じ三Cの仲間なんだなと実感した感じだ。

そしてもう一つ、心に残っている思い出がある。それは自分が大学入試のために実家に帰っていた時の出来事だ。クラスの仲間が、これから大学受験を迎える自分に対しての応援メッセージの寄せ書きを送ってくれたのだ。真ん中にスポーツ大会の時に撮ったクラスの集合写真が貼ってあって、周りにみんなからの応援のメッセージが書いてあった。ちょうどその頃は、風呂と食事をする時以外は全て勉強に時間を注いでおり、かなり精神的にすり減っていた時だった。その手紙をもらったことで、すごく勇気づけられた。今までの学校生活の中で、最も応援し背中を押してくれたのは、紛れもなく北星余市の三Cのみんなであると

友人がくれたきっかけ
仲間が教えてくれた達成感

46期　福嶋淳一

思っている。

その後、受験も終わっていざ卒業式を迎えた。担任の塩見先生に名前を呼ばれた時、泣きそうだった。いや多分泣いた気がする。もうこのクラスのメンバーで揃うのは最後なんだって思うと寂しくて仕方なかったんだと思う。でも不思議と後悔みたいなものはなく、やりきったなぁという気持ちと先生と三Cのメンバーへの感謝の気持ちが沸き起こってきた。またみんなで集まろうという話をして、北海道から実家に帰ってきた。

こうやって思い返すと、自分にとって北星余市での高校生活は最高の青春だった。よく喧嘩もしたし、先生にたくさん怒られたし、時にはスポーツ大会といった一つの目標に対してみんなで本気で頑張った経験もできた。そして、学校だけではなく寮にいた仲間たちともたくさん話をした。これらの出来事を通して、自分は人との関わり方を学んだ。自分は北星余市に入るまでは、うわべだけの付き合いばかりしてしまっていたと思う。相手に対して無駄に気をつかっていたり、自分という存在を偽っていたような気がする。しかし北星余市では、お互いの深いところまで入って、「自分という自分」で思い切り正面からぶつかり合うような関わり方ができたと思う。今でも時々会って酒を飲んだりするような貴重な仲間にも出会えた。仕事をするようになってからも、その人付き合いのスタンスは変わってない。そのおかげか、今でも素敵な仲間に出会って仕事を通して最高の青春を経験している。それは、北星余市に入って得た経験のおかげだと思っている。

そして、住み慣れた実家を離れて余市に三年間住むという経験を通して精神的に自立したと思う。寮生活をすることで、親にガミガミ言われることは無くなり、自分で考えて生活することが必要になったからだと思う。今日学校に行くかどうかも自分の選択だし、学校が終わった後どう過ごすかも全部自分で決めることになった。最初の頃は学校をサボったり、寮ではゲームばかりしてたけど、ボクシングを頑張っているレオンを見て、大学に行くために少しずつ頑張ろうと思って自主的に勉強を始めた。北星余市での生活を通して、人との関わり方を自分で体験しながら学び、自立して自分の人生を決めていくことができるようになった。これは、自分にとってなくてはならないやり直しの場であったし、北星余市での経験は自分の中の大切な一部となっている。

卒業後、進学した大学で教職課程を取ろうとしたが、塾講師のアルバイトにのめり込んでしまったので取得をするのをやめた。塾講師も、「教える」という仕事を通して子供達の背中を押すことができると思っていた。何より、やりがいや楽しさがあった。自分の命は一人でも多くの生徒たちの人生をより良くすることに費やしたいと思い、大学卒業後も塾講師に

友人がくれたきっかけ
仲間が教えてくれた達成感

46期　福嶋淳一

なることにした。しかし、塾講師として働いてから三年後、テストの点数を上げるために、無理に生徒に勉強を強いることに対して自分の中で違和感があることに気づいた。

そこで塾講師を辞めて、やはり教員になろうという思いが芽生えた時に、とある会社からスカウトが来たのだ。プログラミングを教えるスクールを運営している会社である。その会社は、「全ての人が幸せに生きる社会を作る」というビジョンを掲げていた。当時の自分は、「これだ！」と思った。目先で稼げるお金はどうでも良い、自分の信念を貫いた上で人々を幸せにできればそれで良いんだと思いその会社に飛び込んだ。自分が積み上げてきた経験を全て捨てた上に、年収が半分になったけど何も後悔はなかった。

その後は、もっと社会的に困っている人を助ける仕事がしたいと思い、プログラミングのスキルをつけて、障害福祉の領域で事業を展開している会社にソフトウェアエンジニアとして転職をした。教員という道からはだいぶ遠ざかってしまったが、どんな形であれ自分の信念を貫いた上で、困った人を助けたい、社会貢献したいという思いは消えていない。これからも、北星余市の卒業生として、一緒に過ごした仲間に恥じないような人生を歩んでいく。

3日後の飛行機が広げた世界

46期　明田　有沙（2013年 卒業）

●やっぱり逃げたくない小学校教員

生徒会として主導するはずの〝イチケン〟。まったくうまくまわらない。途方に暮れかけた時、声をあげてくれたのは一年生だった。諦めないこと。ひとりひとりを大切にすること。
その想いを軸に、次世代の子どもたちに寄り添い続けたい。

「羨ましいな」。友達の家に行く時はいつもそう思っていた。六歳の時、友達の家でお昼にカレーをご馳走になった。時間になったら「ご飯やで」と呼ばれる。そもそもこの時間に、大人が家にいることが不思議だった。それからだんだんと、「自分の家」と「普通の人の家」の違

3日後の飛行機が広げた世界

46期　明田有沙

いを自覚するようになり、イライラと寂しさが常に自分の中にあるようになっていった。

私が三歳の時に両親が離婚をして、父と一〇歳上の姉と八歳上の兄と私の四人で暮らしていた。保育園のお迎えは、兄。父が仕事から帰ってくるのは、平均して二二時をまわっていた。小学生になると、一人で留守番をすることが増え、玄関で父の帰りを待ちながら、寝てしまうこともよくあった。友達の家で夜ご飯をご馳走になったり、寝る時間まで遊んだり、できるだけ一人の時間が少なくなるようにしていたがそんなことは長くは続かず、結局一人の時間が増えることになった。

小学校三年生。理由はわからないが、父の財布のお金やお店の商品、友達のものを盗むようになっていた。別に、誰かに教えてもらったわけでもなけりゃ、欲しいわけでもない。父は、言えば何でも買ってくれるしお金もくれる。寂しさを埋める手段として選んだのだろうか。悪いことをするときは、ドキドキするしスリルがある。成功したときは、スカッとする。そこに罪悪感はなく「バレたらどうしよう」という発想がなかった。私がこんなことをしていたと父が気づいていたかは分からない。ただ私の中では、父にはばれたくない気持ちはすごくあった。がっかりされたくない気持ちが強かったのだろう。一度収まった万引きは、中学一年生の時友達に誘われて繰り返してしまっていた。ある時、友達が学校にばれたので、その流れで私も指導を受けることになった。不思議なことに今でもその時の気持ちをはっきり覚えている。「お願いやし、パパには言わんといて」って何度も言ったし思った。しかし、父が学校へ迎えに来た時、想像していた反応とは全く違っていた。とくに何も言わなかった。お店に謝罪へ行ったとき、父に申し訳ない気持ちが私の中にはあった。何回も私のことで父は頭を下げてくれていた。でも、そのたび、私の中には少しの反省と少しの申し訳なさがあるだけだった。

もちろん、ずっと一人だったというわけではない。私の面倒を一番見てくれていたのは姉。素敵な場所や楽しい遊びを教えてくれた。悪いことをしてしまった時に叱ってくれるのも姉だった。私の記憶はほぼ全くないが私（当時二歳）と姉（当時一二歳）は、突然母に連れられてフィリピンに置いてかれたことがあるらしい。向こうでの生活がどうだったかは分からないが、「このままフィリピンにいるのはあかん」と思っていた姉は国際電話のかけ方を知っていたので、日本にいる父に電話を繋ぐことができた。父はまさか私たちがフィリピンにいるとは思っていなかったらしく、警察に母と私たち子どもの捜索願を出していたらしい。しかし、その電話ではフィリピンのどこにいるかも分からず、必死に探してくれ、日本に戻ってくることができた。「姉がいなかったら、今私はどこで何をしていたのだろう」と

3日後の飛行機が広げた世界

46期　明田有沙

思うと、その時の姉の行動力には尊敬と感謝の気持ちでいっぱいだ。

そんな大好きな姉は高校生のときに父と揉めて母の所に家出をし、そのまま母のところで生活するようになった。姉といる時間が大好きだったから、とても寂しかった。なぜか、私が母と姉に会いに行くと父は怒った。当時の私は理由が分からなかった。怒られるから、バレないようにこっそり会うようになって、嘘をつくことを覚えた。

友達は少なかった。小学生の時から仲良くなってもすぐ嫌われ、また人を変えての繰り返し。理由が分からなかった。中学でもそれは続いたが、悪いことをする友達だけは目的が同じだから仲良くできた。帰りが遅い毎日。家出も繰り返し補導されて迎えにきてもらう。でも、警察に聞かれて最初に伝える連絡先は、母にしていた。母は何をしても怒らないことに気づいていたから、利用していたのだろう。しかし、一度だけ母に裏切られたことがある。補導されたのが京都から離れた姫路だった時だ。その時も警察は母に連絡したが、迎えに来ると言った母が一日たっても来なかった。理由は簡単。おそらく遠くて面倒くさくなったのだろう。でも、父に連絡されるのだけがどうしてもいやだった私は、父はいないと粘っていた。心の中では、「そのうち機嫌を取るためにママが迎えに来るだろう」と思っていたからだ。しかしその時私は、一か月家に帰っていなかったから捜索願が出ており、すぐに連絡がいき父が姫路まで迎えに来た。無言の電車の中、機嫌を取ろうと父に話しかけるが会話にならなかった。家に着いた瞬間、「今から隣のマンションから飛び降りて一緒に死のか？　あんたの心配して生きるくらいなら死んだほうがましや」と言われた。正直、「は？　何言っててんねん、このおっさん」と、この時の私はまだまだ父の気持ちは理解できなかった。べつにほっといてくれ。高校に行ってもそれが続き、一つ目の高校も二つ目の高校も校則違反で退学。そんな時、父が「三日後に飛行機を取ったから北海道に行け」と言ってきた。それが私と北星余市との出会いだ。その時私は、「親に見放された」と思った。

飛行機に乗りながら私は開き直って、「同じような環境の人たちがいるんやし、一人じゃないから楽しもう」と考えていた。寮生活だし一人の時間は少ないはず。

寮見学、初めて行ったのがボーディングハウス。入った瞬間から「ここや！」って思ったのを覚えている。「どこからきたんー⁇」「暇やったら部屋おいで‼」と気さくに話しかけてくれる人しかいなかった。みんな興味津々。逆の立場なら私もそうしてたと思う。転校生ってそんなもん。馴染むのに時間はかからなかった。

登校初日。教室に入ると「アメいるー？」と声をかけられた。その後に「なんだぶ？」（何年ダブってる？）という質問。これがこの学校の挨拶。現役で入学する生徒が少なく、転校

3日後の飛行機が広げた世界

46期　明田有沙

生は多い。同い年で転校してくる人が少ないので、「高校何回目？」「なんで北星に来たの？」という質問は普通なこと。担任の先生に対しては呼び捨て。「大丈夫か？　この学校」と最初は思った。のちに先生を呼び捨てしたりあだ名で呼んだりは、先生と生徒の間に壁がなく遠慮なく色んなことを相談できる関係が築けているからだと知った。

一年の時は、単位がギリギリな状態で転校し、ここが最後のチャンスと思ったので、真面目？　に登校した。寮の先輩も同級生もみんな優しくて毎日楽しかった。みんなの北星に来た理由がバラバラだからこそ、話題が尽きなかった。冬は、雪がすごく、寮の雪かきを手伝うとご褒美として寮母さんが温泉に連れて行ってくれる。そして、たくさん話を聞いてくれる。その環境はとても居心地が良かった。

二年になり、学校にも友達にも先生にも慣れてきた私の心に少し余裕ができた。授業を中抜けしたり、外でタバコを吸ったりお酒を飲んだり。周りに流されていた。ま、すぐばれるわけで。何度か謹慎処分になった。謹慎に入ると「あったべや」という牧場で、朝六時から牛のけつ掃除や餌やりをする。とてつもない臭いが襲ってくる。フンの沼に膝まで埋まって身動き取れなくなったこともある。夕方もそのお手伝いをした後、反省文を書いて自分がしたことを振り返る。なかなかの重労働。でもまだこの時は、「次はばれんようにせんと」くらいの考えしかなかった。私は動物が好きやし、むしろいい経験をさせてもらってラッキーくらいしか思ってなかった。他にも、猫がいっぱいいるトマト農園で箱詰めのお手伝いをした。謹慎になると、携帯が没収されるのでとても退屈だ。農園の人の置きっ放しのタバコを何本か盗むこともあった。

「タバコ一本一〇万円」というのはこの学校のお決まりのセリフ。謹慎の時は、親が北海道に来ることになる。当時は飛行機代が高く、ホテル代も含めるとそのくらいになるからだ。自宅謹慎になると自分の飛行機代も加算される。今思うとものすごく迷惑をかけたなと思う。

二年生の後期。生徒会選挙が始まる。私は、自分を変えたくて立候補することにした。学校を引っ張っていく先輩の姿がかっこいいと思っていたのもあるが、今のままの私ではアカンと自覚していたのだろう。ただ、明確な目標もなく始めた生徒会は全く上手くいかなかった。達成感もなく、「こんなもんか」という気持ちで二年生が終わった。

二年生の終わり、三年生からの前期生徒会選挙目前。自分に自信を無くしていた私は全く生徒会執行部に立候補する気はなかった。結局、北海道に来る前の私のまま。何も変わってない。成長することを諦めていた。

そんな時突然、うるさくて嫌いな先生が「生徒指導室に来て」と声をかけてきた。「何か

3日後の飛行機が広げた世界

46期　明田有沙

悪いことしたっけ？」とビビりながら入ると「あんた、生徒会やらへんか？」という誘いの話だった。驚いた。何か一つでも諦めずに最後まで取り組んだこともなけりゃ、今まで悪いこともたくさんしたし、わがままで特に何も努力してこなかった私に「何言ってんねん」と思った。どこをみてそう思ったのかはわからないが、「あんたのそのエネルギー、他の人の為にうまく使え」と言われ、正直嬉しかった。私自身が気づいてない何らかの良さに気づいてくれた大人がいた、ということに感動した。

　私は自分のことが大嫌いだった。人と関わっても関係は長続きしない。その時楽しい人としか連るまない。楽な方へ逃げ、努力をしない。「どうせ私なんか誰にも必要とされてない。死んでも誰も悲しんでくれない人間なんだ」と思い込んでいた。だから必要とされたり褒められたりという経験が今までなかった私にとっては、先生のその一言はとても大きかった。頑張ってみるか。少しは変わろうと思って北海道に来たのに何してんねん。諦めるなんてもったいない。そう思った。もちろん反対する先生もいた。クラスのために動いて欲しいと。

　三年春。前期生徒会スタート。生徒会メンバーと顧問の温度差がすごいな。というのが初日に思ったこと。会議に遅刻しただけで怒られるの？「うわ、面倒くさいかも」と思った。でも、毎日生徒会メンバーと話していくうちに一つ目の目標を見つけた。とりあえず、全校生に、生徒会メンバーの名前と顔を覚えてもらうこと。全校生徒の名前と顔を覚えること。そのために毎朝、挨拶運動をすることになった。初めは、フルしかとからのスタート。根気よく毎日声をかけていると、会釈してくれるようになった。笑顔を見せてくれるようになる。「ありねぇ!!」と声をかけてもらえるようになった。続けるって大切やなあと実感した。「ほう、達成感ってこれか」と思った時から自分の歩みが少しずつ前に進んだ。

一年研修。生徒会メンバーが一年生同士の交流を深めるために行う一泊二日の研修だ。これがもうすごく大変で。挨拶運動で仲良くなれた気でいた私たちは、上手くことが進むと思っていた。それが全くの正反対なわけで。夜のレクリエーションの時のことだ。参加しない子達で溢れた。全く話を聞いてくれない。ボロカス言われるし。宿から抜け出そうとする。喧嘩を始める。何をどうこの子達にこの研修の魅力を伝えたらいいのか分からなくなった。この研修の魅力ってなんだ？　そこが私たち生徒会メンバーも曖昧だった。そんな時、一人の一年生がマイクを持ってみんなに話し始めた。「生徒会メンバーが今日の為に準備して、一生懸命考えて動いてくれてるのに何で迷惑をかけるんや。みんな参加しようや」と泣きながら訴えた。こんなこと、入学したての一年生ができる行動か、と驚いた。その勇気に、私たちも涙した。北星のいいところってこれなんよな。見てくれてる子がいる。気づいてくれる子がいる。それを行動に移せる子がいる。雰囲気が一気に変わった瞬間だった。その気づきが、伝染しやすいのも北星のいいところ。それをきっかけに、全員がひとつになった。他にも声をかけてくれる子が増え、みんなの絆が深まる意味のある時間となった。生徒会メンバーは、一年生から大切なものをここで学んだ。諦めないで、伝え続ける大切さを。

学校行事の中でも、私の中で一番達成感があったのは強歩遠足。長距離歩行のなにがおもろいねん。と思う人のほうが多いのかな。この行事には、参加してみないとわからない面白さがある。北星の強歩遠足にはルールがあって、五〇キロを歩き切った人が次の年、七〇キロに挑戦できる。私は、三年生で七〇キロを歩くために二年生のとき、五〇キロに挑戦していた。それぞれの距離によって、小樽・学校・銀山と出発地点や出発時間が違うのも楽しみ方の一つだ。関門ごとの応援や差し入れ。長い時間歩いていても飽きない工夫がたくさんあることに、初めて参加したときに感動した——し、ホンマに飽きひんかった。ゴールには、生徒会の手作りの門とリンゴ、ＰＴＡの人たちが作った美味しいうどんが待っていて、それのためにあともう少しが頑張れる。生徒だけじゃない、むしろ大人のほうが本気な強歩遠足はかなり面白いなと感じた。

当日の生徒会の大きな役割は、先頭・中間・最後尾で全校生徒を応援しながら歩くことだ。私は、前期生徒会で当然七〇キロを歩くと思っていた。しかし、自分のやりたいと生徒会としてすべきことが違うことをここで学んだ。話し合いの末、私は五〇キロを先頭で歩くことを決断した。正直悔しかったが、自分のキャパを考えると、これがベストだと判断できた。当日までの期間は、気持ちに余裕が持てへんとみんなをサポートできないと考え、毎日学校に行く前の朝六時から靴がボロボロになるまで走ったり歩いたりして練習をした。悔しい思いを違うベクトルで切り替えた自分を褒めて頑張った。

そのおかげもあってか、強歩遠足本番は、一緒に先頭を担当した塩ちゃんとペースを落とさず笑顔でゴールすることができた。そして続々とゴールしてくるみんなを「おかえり」と迎えることができた。塩ちゃんは塩ちゃんでそこから「最後尾まで戻ろう！」と声をかけてくれ、一緒にしんどそうな子を引っ張ってまた戻ってきてくれた。塩ちゃんの前向きな声かけと、ついてきてくれるみんなの頑張る姿をみて達成できたと心から思った。

北星余市に来て学んだこと。それは、諦めないこと。ひとりひとりを大切にすること。誰一人私を見捨てる人はいなかった。寮のおばちゃん、先輩、同級生、後輩、先生。誰一人として。悩んだり困ったりした時に、気持ちに寄り添って話を聞き、何時間でも向き合ってくれる。そして応援してくれる。私は今までそれを誰かにしてきただろうか。

3日後の飛行機が広げた世界

46期　明田有沙

ああ、これか。私に足りなかったものは。

気づくのに長く時間がかかったな。楽な方へ逃げてきた自分とはおさらば。たくさん寄り道はしたけど、ここ。北星余市に出会えたことで大切なものを手に入れた。

卒業してから一一年。今私は小学校の先生をしている。北星で学んだことを次世代の子どもたちに伝えたい。悩んだり、困ったりしている子どもたちと本気で向き合える人でありたい。私は勉強が苦手で、人間関係も上手ではなかった。だからそんな子の気持ちに寄り添えると思ったのがきっかけだ。

しかし、私が悩むのは、子どもではなかった。大人。北星では、疑問に思ったことやおかしいと思ったことは納得するまで話し合うことができた。しかし、北星の外ではそれが難しい。印象に残っている出来事が二つある。例えばこんなことだ。容姿のこと。ある日わたしは髪の毛をオレンジに染めて出勤した。しかし放課後すぐ、校長室に呼ばれた。相手の意見はこうだ。「公務員として常識のある格好をしてくれ」。私の頭の中は疑問でいっぱいになった。髪の毛を染めてはいけない決まりもなければ、誰に迷惑もかけていない。ただオシャレをしてるだけ。髪の毛を染めたり服を選んだりするのって自由じゃないの？　見た目ってそんな重要？　私は質問をした。「爪を伸ばしてネイルをしている先生に対して、衛生上良くないこと、子どもを引っ掻いてしまう危険があるからやめてほしい。という納得のいく理由なら分かります。納得できる説明お願いしてもいいですか？」と。その校長は「公務員がモヒカンしてたらどうや？」と言ってきた。笑うことしかできなかった。それ答えになってない!! 結局納得いく答えをもらうことなく、その学校を去った。

もう一つは、帰りの会が終わりさよならをした後の放課後、子どもたちと過ごす時間のことだ。「今日は、居残りしてな！」と先生に言われると「えぇ、嫌だな」と悪い印象を持つ人も多いだろう。しかし、私のクラスの子どもたちは違った。「先生！ 今日も居残りできる？」と毎日のように目をキラキラさせて聞いてくる。初めの方は、確かに居残りをしてほしいことを伝えると嫌な顔をする子が多かった。しかし、一緒に勉強をしていくうちに、授業中理解できなかったことが分かっていく楽しさに気付いたのだろう。授業中とは違う雰囲気の和気藹々とした放課後の勉強会は、私にとっても、子どもたちとの心の距離がぐっと縮まるとても充実した時間だった。勉強が終わった後に一緒に遊ぶのもとても楽しかった。落ち着いて勉強ができる場所に困っていたり、宿題が分からず困っていたり、放課後の時間の使い方に困っていたりする子どもは意外と多い。なら、私がその環境を作りたいと思った。これをしたおかげでクラスの子たちは生き生きと自分たちの勉強に取り組むようになったのがとても嬉しかった。

しかし、他の先生からすると、放課後子どもたちを残すことは楽なことではないようだった。自分の事務的な仕事（例えば丸つけや教材研究）は後回しになるし、残りたいという子の保護者には許可をもらう必要がある。帰り道がひとりになる子がいれば、近くまで一緒に送る、などプラスで時間が奪われる。そんな不満が他の先生たちの間で噂になり、学年主任から注意を受けた。「宿題は家でやるもんやし、放課後残すのは、それをできへん他の先生の手前やめてほしい」と。私が保護者や子どもの意見を無視して無理やり残して勉強を教えているのなら分からんでもない。しかし、子どもたちも保護者もこの放課後の時間を求めていた。残りたい！　残して見てもらえるのはありがたい！　そういった意見しかなかったから、私のなにが間違っているのか理解できなかった。子どもたちのためにしていることの何がわるいの？　とモヤモヤが消えることはなかった。

疑問に思ったり違和感を感じたりしても伝えない人が職場には多いなと感じる。思ってるなら質問してみたら？　伝えてみたら？　と思うが、波風立てたくない、とみんな逃げるように感じる。じゃあ、せっかく気付けた良いことかもしれないその考えはどこにいくの？　もったいなくない？　上に言われたことを大人しく聞いておけば確かにめんどくさくないかもしれない。でも〝自分〟をおし殺してまで生きていくのは逆にめんどくさくないか？

私は、納得いく答えを出せない教師にはなりたくないし子どもたちに「あかんもんはあかん」という押しつけるだけの教育はしたくない。本人が納得いくまでとことん付き合いたい、向き合いたいと思っている。私の想いは、変人扱いされることが多い。

熱くて何が悪い。一生懸命のなにが悪い。

とことん話し合うことができないのがものすごく違和感だ。向き合うのをやめて逃げてしまう時もある。そんなとき頼るのが北星で出会った人たちだ。やっぱり納得するまでとことん向き合ってくれる。そしてやってみようという気持ちにさせてくれる。みんながみんなそうなってくれれば、どんなに幸せなことだろう。その良さを知っている私が諦めないで伝え続けたい。ここまで向上心を保つ力をくれた北星は凄い。いつか、分かってもらえるために。私が気づくのに一八年かかったように、みんながみんな同じではない。何年後になるか分からない〝いつか〟を信じて私は私が正しいと思った行動を続けたいと思う。

今となっては、「三日後に飛行機取ったから北海道行け」と言った父の言葉に感謝している。私のことを想った行動だった。たくさん心配をかけたけど自分は自分の人生で良かった。

ありがとう。北星余市に入学して良かった。北星余市で卒業できて良かった。

私と北星余市

自分にとっての北星余市

H先生の秘書ではなく弟子　熊谷　唯

大学卒業後、北星余市高校に新卒理科教諭として飛び込んだ私は三年の任期満了で去った後もたくさん関わらせていただく機会をもらいました。生徒会合宿にお邪魔したときには執行部の会議に参加させていただいたり、学校祭にお邪魔しては教え子とステージで楽しく歌ったりと三年に収まらないお付き合いをさせていただいています。あたたかく歓迎していただいた先生方、生徒のみなさん、本当にありがとうございました。最高に嬉しかったです。

北星余市高校を離れてもうすぐ一〇年になるという事実に驚いています。この一〇年間よりも、余市で教師として学んだ三年間の方が何倍も鮮明に覚えているからです。

決して、余市を離れてからボーっと生きていたわけでも手抜きをしていたわけでもありませんが、それぐらい私の人生に関して重大な三年間でした。三年でも足りないぐらい未熟な教師ではありますが、一生成長期でありたいと思っています。

「お前は誰だぁ！　名を名乗れぇ!!」と、新任挨拶のときみたいに叱られてしまうので簡単な自己紹介を載せさせていただきます（あの時は叱っていただいて本当にありがとうございました！　緊張のあまり自己紹介もまともにできなかった自分を叱咤激励してくださったA先生、感謝です）。

二〇一二年四月〜二〇一五年三月一杯まで、北星学園余市高等学校で理科の嘱託教諭として学ばせていただきました、熊谷唯（くまがい　ゆい）と申します。

一九八九年、北海道夕張市にて、消費税とともに産声をあげた末っ子長男の私は閉鎖的な田舎で育ちました。自分の出生地が財政破綻していく様を横目に、自身の人格は碌に成長もしないまま、大人に対する不満と不信感ばかりを成長させてすくすく育ちました。たばこの吸い殻を他人の敷地にポイ捨てする市議会議員のご年配、チョークまみれの手で痛いぐらい肩をつかんで怒鳴る小学校教師、信号無視する警察官、その程度のことで済んでいたらここまで拗らせもしなかったかもしれませんが、社会、大人、学校に対して絶望する決定的な事件が起きました。

私が中学一年生の時、当時の小泉政権のもと国旗国歌法の採決と共に、学校教育法施行規則が改正され、学校の職員会議における決定権が校長にある……という状況が作られ始めた年です。三年生の卒業式当日、私は一年生として入場曲を在校生全員で演奏すべく、リコーダーを咥えて一時間、待ち構えていました。一時間たっても、三年生は式場に現れることなく、在校生は自分の教室へ戻り緊急のホームルームが開かれました。

担任からされた説明は、「三年生は、自分たちの晴れ舞台に無断で日の丸が置いてあることに反対し、入場拒否をしている。いま、校長先生と教頭先生が説得をしているが……そもそも、日の丸という名の国旗について説明します。日本がアジア諸国に対し、侵略戦争を行ったときの旗印として使われてきた旗であり、侵略陣営の主力となったのは日本・ドイツ・イタリアの三国でしたが、この戦争中に侵略の旗印として使った旗をいまもそのまま国旗としているという国は日本だけです。ドイツもイタリアも戦後、国旗を変えました。それを卒業式という晴れ舞台に何の説明もなく設置されていることに三年生は憤り、全員が入場拒否を決めたそうです。これに対し、君たちがどのようなことを思おうと自由です。思想信条の自由が憲法で認められています」というものでした。

結局、卒業式は二時間遅れて、三年生が悔し涙を流しながら、見送ってくれる在校生のために歯を食いしばって、日の丸が設置された式場で進行されました。ベテランの先生が、日の丸を会場の隅に移動させ、祝電の掲示板や学校旗で日の丸を隠すなどの措置を校長が睨みつけながら、二時間遅れた卒業式が行われたのです。

当時の私にとっては、国旗も国歌もわりとどうでも良いものでしたが、何より衝撃的だったのは、泣いて悔しがりながら入場拒否をしている三年生を一時間も放置して、校長が式場の椅子にずっと座って待っていたことです。

学校は、教師は、生徒のためにあるものではなかったのでしょうか。旗とか歌とか国とか、校長のためにあるものなのでしょうか。「学校」の目的とか、存在意義とか、大事なものがすり替わってしまったことに私は絶望したのです。旗も歌も何でもいいから、三年生が悔し泣きするような卒業式はあってはならない。生徒のためじゃない学校なんて、いらない。その思いが強烈に刻まれた私はそれからしばらく、入学式と卒業式の会場に入ることを拒否し続けました（高校最後の卒業式だけは、クラスメイトのために入場することを選びましたが）。

そんなこんなで、「生徒のためを考えない学校や教師なんて、いらない！」という想いを胸に私は現在、北海道のとある私立高校で理科教師（たまに数学も）をやっています。二周目の学級担任を持つ中で、日々増えていく白髪と抜け毛に苦笑しながら、それでも笑顔で教師として歩き続けられるのは、北星余市高校での教えが私の教育の大きな柱であり、判断基準の根幹になっているからです。北星余市高校には三年しかいられませんでしたが、そのたった三年間は私の人生の根幹になっています。

文字にしてしまうと、とても当たり前のことでつまらない文言になってしまうかもしれませんが、実感としてそのまま表現させていただきます。

学校とは、生徒のための教育機関です。北星余市は、これを実践している学校です。

……はい、当たり前のことですよね。ところが多くの学校ではそうではないということをぼくはこの一〇年で痛いほど思い知らされました。とくに公立の学校は文部科学省、そして管理職からの命令に基本的に逆らえません。そして、しばしば生徒が優先されない場面が生徒と、熱心な教師を苦しめます。体裁や管理職の機嫌、学校の外聞や部活動成績が優先される中で踏みにじられる子どもの想いがあることを私は知っています。

愚痴っぽくなるのは嫌なのでここらへんにさせていただきますが、ようするに北星余市高校は「きちんと生徒の将来や想いを考えてくれる学校」であり、そういう学校は本当に少ない（少なくなってしまった）と感じていることを生意気にも主張したいのです。卒業させてはい、さよなら。そんな無責任な所ではなく、「お前の人生それでいいのか！」と叱ってくれる場所です。お金の使い方が心配な生徒がいたら、高校卒業後の生活費から家計簿の付け方を一対一で教えてくれる先生が当たり前のように職員室にいる学校です。

「悪いことをしたら全力で叱ってくれて、がんばったら全力で褒めてくれて、人生に悩んでいたら本気で相談に乗り、導いてくれる学校」なんです。これ、全然当たり前じゃない世の中だと思いませんか……？ 悲しいことですが。

世の中の多くの大人たちが、経歴に傷をつくることを恐れてか、世間体を気にするためなのか、「失敗しないように生きて」います。そんな大人の背中を見て、自己主張を控え自分の気持ちを押し殺して生きていく子どもたちが年々増えていっているように感じています。

そんな状況が年を追うごとに増加していく中、北星余市高校は……

「失敗しても、いいんだよ。遠回りから得られることだって、たくさんあるんだよ」

そう言ってくれる学校です。よくわからないルールがあると言われることもあるけれど、きちんと意味があって……そして、そんなルールが何のためにあるのかをきちんと考える時間を生徒に与えてくれる場でもあります。頭髪や服装に関する校則がないので、基本的に生徒の自由な服装で学校生活を送りますが、「ルールに書いてなければ何をしてもいいわけでは無い」こともきちんと教えてくれる場です。しばしば、学校現場では「校則にあるから」という理由で簡略化された注意、統一化が謀られます。北星余市は、「みんなちがって、みんないい」を実践している場でもあります。生徒が比較的自由な学校生活を送る中で、考えること、話し合うことの重要性を丁寧に教えてくれる。字で書き起こすと、この大変さがうまく伝わらないのですが……試しに想像してみてください。

平日の朝、時間が無い中で自分の子どもがぐずぐずしていて……何に困っているかもうまく説明できなくて、聞いてあげたいけど時間もなくて……頭ごなしに指示をして会話を打ち切ってしまう。子育て経験のある人なら想像できる慌ただしさかと思います。

このような状況でも、丁寧に話を聞き出して、子どもに寄り添ってくれる。どうしても職員会議が長引いて……そんなときでも、後できちんと時間を作って話を聞いてくれる先生方がいる学校です。親でも難しいことを丁寧にやってくれる学校です。

忙しさを言い訳にしない先生方なのです……本当にすごいことです。私も日頃から意識してそうあろうとしていますが、自分の子どもにすら、いつもできているか怪しいです。

とにかく、多くの学校と比べて圧倒的に「生徒と話す時間、生徒のために使う時間」をたくさんとってくれる学校です。あんなにも、職員室で生徒たちとわいわい楽しく会話できる学校はかなり少ないと思います。

現に、私は今の学校に赴任した当初、同じ感覚で職員室内にて生徒と会話していたところ……当時の教頭に怒られました。

「職員室は先生方が仕事をするところ。常識だよ」

正論なのかもしれませんが、私にとってはショックでした。

「これが普通の学校なのか⁉ 北星余市が非常識なのか⁉」(同じ全日制普通科ですが)

機械的に出席確認をして、事務的な連絡事項を伝えて、授業が終わったら帰りのホームルームでさようなら。放課後はさっさと部活動へ……。多忙な職種なので決して悪く言うつもりはありませんが、私にとってカルチャーショックと言えるぐらいに、いま現在の私がいる職員室と、二二歳〜二五歳までを過ごした職員室はかけ離れた空間でした。

新天地で教師としての再スタートを切った私にとっての目標は、「新しい職場に慣れて、順応すること」ではなく、「新しい環境に流されずに、自分が大切だと感じたことを忘れないで実践していくこと」なんだということを一〇年前から忘れずに意識しています。どちらが良い学校か、なんて言うまでも無いからです。

とにかく生徒の表情を見逃さないで、生徒の話をしっかり聞く時間を大切にするようにしています。多くの、「生徒に話を聞いてもらえない先生方」にどうかわかってほしい。話を聞いてくれない大人の話なんて、子どもに刺さるわけがない。生徒にきちんと想いを伝えることができている教師は、生徒の想いをきちんと聞き取って受け止めてくれる人です。

それを考えると、北星余市は何が大切ことなのかをものすごく意識している学校なんだということを痛感しています。

自分の住む地域を悪く言うのは恥ずかしいことなのであまり言いたくはないのですが、「なにを一番大切にしている学校なのか」が曖昧になっている学校がとても多いように感じてしまいます。生徒の自主退学した理由が、「部活顧問本人のプライドを重視するやり方についていけない」というようなひどい内容の事案が進学校でも関係なく起きています。何より、「問題を起こした先生は、事情を知らない遠くの地域へ転勤するか、ほとぼりが冷めるまで大人しくする。そして多くが似たような過ちを繰り返す」という公立教育現場の負の側面が少なからずあり、そのしわ寄せを食らうのは生徒と若手教員だという現状にとてつもない危機感を覚えます。もっと多くの家庭が、本当に生徒を大切にしてくれている学校の存在を知ってくれたらと思います。

全国的に教員の人手不足が深刻化している状況の中、文科省はことあるごとに、観点別評価や総合的な探究の時間の導入など、「思いつきのような教育改革」で教員の負担をどんどん増やしていく中で、思考力を忙殺されて機械のように働かされている教員が多くいることは否めません。世の多くの先生方が悪だというわけではないのです……が、北星余市と比較すると辛口評価になってしまうぐらいに、「世の多くの学校」と北星余市はかけ離れた存在だと思います。

前述した、「総合……」と名のつくものが授業として義務化された昨今。多くの教師が新しく教科書の無い取り組みに頭を悩ませている中、遙か昔から北星余市は「総合講座」での取り組みを充実させていました。教室で受けるだけが授業じゃない。フィールドに出て、時にはバスや車で少し遠出して多くのことを学び、年度末には学んできたことの集大成である総合講座発表会にて、全校生徒の前で発表する機会があります。様々な視点から学び、自分たちでまとめ、自分たちの表現で発表する……今まさに教育現場が要求されていることを、遙か昔からずっと北星余市は実践し続けていたんだよなぁ……と、十勝で教育活動をしながら改めて実感させられています。

私は高校生活を北星余市で過ごしたわけではありませんが、北星余市高校の先生方、学校事務の方々、用務員や清掃員の方々にたくさん可愛がっていただいた自覚があります。

大学を卒業してすぐに北星余市へ飛び込んで、たくさんのことをやらかし、職員会議ではトンチンカンな生意気発言を連発し、伝説の一年生研修会ではとんでもない大失敗を……(その話、あとにしましょ!)。それでも、北星余市のみんなは三年間私を優しく励まして、たくさんのことを教えてくれました。若いからとか、よく失敗をやらかすからと差別されることもなく、私に対しても生徒と同じぐらい真剣に向き合って育ててくれた先生方の想いが、私の大半を形作っています。年下や立場が下の人物に対して、優しく教えてくれる人……これを読んでいるあなたの職場(またはバイト先など)では、何人いますか……?なんと、北星余市高校では全員です。誇張ではなく、本当に先生方や事務職員の方たちが、新人~若手の私のために時間を割いて育ててくれていたのです。「生徒のために、教師も育てる学校」に、私は感謝してもしきれません。

その中でも、特に印象に残ったエピソードは生徒会活動です。大多数の学校において、生徒会執行部の会議といえば、予算や役割分担の打ち合わせ、生徒会行事の企画運営の話し合いがほとんどだと思います。当時、生徒会顧問の一員として学ばせてもらっていた私が、最初に教わったことは「しゃべりすぎない。正解を絶対言わない。こどもたちが自分たちで見つけた正解にたどりつけるまで、待つのが一番大事な仕事」というものでした。「生徒会執行部は、行事屋さんじゃない!!」という理念が生きているからこそ、北星余市高校の生徒会執行部は自分たちで考え、自分の言葉で語り合い、生徒全員を巻き込んだ楽しい行事を企画・運営できるのだと思います。ときには、夜遅くまで執行部で話し合うこともあります。「生徒会って何だ？　執行部って何だ？」という根源的な部分からしっかり考えて、日々自分たちから活動するからこそ、生徒みんなの憧れる存在であって、目指すべき目標になるのだと思います。北星余市の生徒会執行部は、少数派も含めて「みんな」が楽しめる学校生活を自分たちで追求できる集団です。行事屋でも教師の手先でも雑用係でもないのです。

今現在も、担任として自分のクラスの子たちに問いかけることがあります。

「お前らの、みんな……って、何人だ？」

「みんな言ってるよ！」とか、「だってほかのみんなだってやってるし……」という子たちの「みんな」は、だいたいが仲良しグループ四人前後です。排他的かつ自己都合的な表現ですね。「みんな」にカウントされていないクラスメイトに対して、どう思っているのか……じっくりじっくり質問タイムが始まります。

しばしば、学校という環境において「みんな」とは、「大きな声で主張できる数人」だったり、「大多数」だったりします。それゆえに、本当に困っている少数派の意見が拾われないままの状態が起きてしまいます。「社会って、そんなもんでしょ。」と切り捨てる大人がそういう社会を継続させてしまいます。

きちんと少数派の意見も聞いて、時間がかかっても全員が納得する方法を考えることは可能です。このことを教えてくれたのは、北星余市の生徒会執行部のみんなです。本当にありがとう。

そしてそれが、その想いが、今現在私が関わる生徒たちへ受け継がれていけたらいいな……。弱くても、へんなやつでも、少数派でもいいんだって。

軽くあしらわないで、踏みにじらないで、互いの違いを尊重し合える優しい人間が増えて、少しでも明日は優しい世界になっていってくれたら本当に嬉しいな。

そういう想いで私は生きています。

八つ当たりされるのは当たり前、仕方ない。みんなツラい。世の中そういうもんだ。

……そんな世界は悲しすぎる。そうじゃないよって。世界は凄惨な現場が溢れているかもしれないけれど、すべてが真っ黒じゃないよって。こんなにも、誰かのことを真剣に考えてくれて、本気で心配して叱ってくれる人がいて、損得勘定じゃなくて真っ当な道理で体当たりしてくれる人たちがいるんだよって。もっと多くの人たちに知ってほしいと思います。なんて、偉そうなことを言っておきながら今日までそれを広める活動なんて全然満足にできていなかった自分に、この原稿を書いているいま気付かされています（師匠、図ったか⁉）。日常に忙殺されて……なんて言い訳する大人にはなりたくないですね。精進します。

あらためて、本誌にこの拙い文章を寄稿させていただく機会を私にくださった方々に深く感謝しております。十勝に赴任してから何度も、「北星余市は、いま！」のブログ記事を読んで元気をもらっています。「生徒会執行部メンバーが数年前の一年研修会の記録ビデオを見ていました」という記事にて、四六期メンバーと共に赤いつなぎを着て映っている当時二三歳の自分が映像資料として見られているシーンの写真を拝見しました。懐かしいやら恥ずかしいやら……私を育ててくれた人たちの中に、当然四六期のみんなも含まれています（四七〜五〇期ももちろん！）。新任の私をたくさん助けてくれた当時の教え子たちにも、本当に感謝です。

最後に、この文章を読んでくれたあなたが、ほんの少しでも優しい世界づくりに協力してくれることを祈ります。

卒業してからと現在の自分

48期　上野　大樹（2015年 卒業）
●社会人専門学生

何度もやり直したり、できなかったりすることは全然恥ずかしくない。見栄やプライドで諦めることや、やらないことのほうが、ずっとカッコ悪い。首の皮一枚——そんな毎日だったけど、泥くさくくらいついて生きてゆく。そんな力をくれた北星余市。おっちゃん、こんな俺を見ててください。

遡ること一二年前、中学生の僕は思春期真最中。金色の髪に、下げ過ぎたダボダボのズボンを履いて一時間くらいかけて髪の毛のセットをして、みんなが引くぐらいでかい声で「おはよう」と馬鹿まるだしで昼から登校していた。どんどん派手になって遊びまわり、好きな時間にでかけ周りの大人の言うことを全く聞かなくなっていた。大人不信をいだき自分勝手に過ごして、尾崎豊を聞きながら自由になれた気分がしている自分が誕生していった。ただ、時間がたつにつれ社会から取り残された自分に焦りや孤独感を感じてはいた。問題を起こして別室登校、登校を拒否された時期もあったことで今更クラスに帰っても勉強にもついていけないし、見栄やプライドがあり、完全に学校には行かなくなった。そして独特な世界に入門する。そこはルールのない厳し過ぎる縦社会であった。その中で生きるしかなくなった自分は夢や希望を持つことができない中学生になり、虚しさを晴らすかのようにエスカレートした遊びを楽しみ、何も考えずに生活していた。

中学を卒業した後、高校生の妹、中学生の弟が住んでいる家には帰れない状況にふてくされ半分、家を出た。エスカレーター式に建設業の仕事についた。毎日怒鳴られ、全然仕事ができない自分に腹が立つ。仕事も中途半端。制服を着た高校生が羨ましく思えたが、粋がって家を飛び出した手前、家には帰れない。「やるしかない」。半分諦めた気持ちで働いていた。そんな中また当時の仲間と遊び、元の自分に逆戻りし、警察のお世話に。一か月反省する始末。周りの同級生は皆制服を着てママチャリ漕いで高校に行っている。「いいな、チャンスがあるなら自分も」。そんなことを考えている自分がいた。それを母さんに伝えてみたと

卒業してからと現在の自分

48期　上野大樹

ころ「やってみたら、応援するよ」。行ける高校を探した。しかし思い返してみると僕の通知表はいつも一か二。通知表が体操を始めたのかとさえ思う状況。「やばい、どこにも行けない」。母さんに聞いた。「北星余市高校がある、全日制高校」。あとから聞いたところによると夜な夜な妹と母さんが調べてくれていたらしい。「ここなら行けるかも」そう思い、東京の錦糸町で学校説明会があると聞き、面談をしに向かった。「まあ受かるだろう」、そんな気持ちがあった。担当は女の先生だった。短い髪にパリッとしたスーツ。どんな人だろう？「あなたの今までの生活を教えてください」と優しい口調だったため全部話した。なんとなく手ごたえを感じていた矢先、「北海道に来たらそんなに甘くない。本当に変わりたいという気持ちがないと卒業はできない。覚悟はできてる？」。急に厳しくなった。「なんだこいつ」と瞬時に思った。しかし、なんだかわからないがとても真剣に向き合ってくれたし不思議な温かさがある人。初めての感覚、「もし変われるなら」。北星に行く決意をした。

二〇〇九年三月、北海道に渡った。北星の生徒は下宿生活をする人がほとんどと聞いていた。正直不安と緊張でいっぱいのまま清野下宿に向かうと、着いた途端におじさんとおばさんが笑顔で迎えてくれた。階段を上り廊下を進んでいくと綺麗な部屋。出発前に新調した物の香りが部屋中を漂った。「よしこれから頑張ろう」。だが期待と不安からくる溜息まじりの心。「やっていけるだろうか」と思った。下宿の先輩方は温かく迎えてくれた。同じような境遇である分心強かった。初めて登校した入学式、肩で風を切って歩いてる人、ずっと下を向いてる人がたくさんいた。入学式の最中なのに紙飛行機が飛んでいる。「やばい所に来てしまった」そんな感覚があった。自分も相当やばかったのにもっとやばい人がいたと少し安心した。「この人たちはレベルが低い」と何故か見下すことで自分を保とうとした。

北星生活がスタートし、次第に友達も増え環境に慣れてきた矢先、下宿で問題を起こして退寮となる。あれだけ決意していたのに、また同じことの繰り返しだ。退寮の時に寮母さんは泣いていた。「受け入れてくれる所はないかもしれない」と当時の担任の先生に言われた。それでも先生が必死になって頭を下げてくれた結果、下村下宿にお世話になることに。「よく来たね、よろしく」と、さっぱりとした優しい声のおばさん。隣に座っていたおじさんは腕組みをし、無表情で見向きもされなかった。二階に上がると徹くんという学年が一つ上の先輩が、部屋の中や下宿にいるメンバーのことを教えてくれた。そんな中「ごはんだよー」と一階から呼び声。下に行くと長いテーブルに温かいご飯が並べられていてとても美味しい。食器を戻しに行き「美味しかったです」と言うと「当たり前だろ」と言いながらとても笑顔のおばちゃん。二階にあがると山口くんという先輩がお風呂に誘ってきたので一緒に

卒業してからと現在の自分

48期　上野大樹

入った。家族構成の話を一時間くらいされたその後、俺の隣の部屋にやばい先輩がいるから気をつけたほうがいいと言われた。一時間くらいお風呂にいたので強烈に記憶に残った。部屋に山口くんといると扉が「バン」と開き、「おい山口、ドライヤー貸せ」と、やばい先輩が入ってきた。山口くんはピタッと立ち上がってドライヤーを渡した。先輩は「初めまして、よろしく」とても優しい口調で挨拶をしてくれた、話していくと良くんというその先輩も同じ下宿から移動して来たことがわかった。境遇が似ていたせいか、直ぐに意気投合。笑いながら、「絶対に卒業しよう」。謎の自信がめちゃくちゃかっこよかった。同じ境遇である仲間たちであるからこそ何でも言える環境はとても居心地がよかった。夜まで話していて、そのまま朝を迎えたこともあり、寮会議が開かれて二一時以降は各部屋への出入りが禁止になったこともあった。僕が懲りずにやらかすので何度も寮会議が開かれ、終わると「お前ホント面白いな」と、みんな笑ってくれた。

学校では、最初トラブルだらけで喧嘩が多かったが、その分仲良くなるのも早く、学校が終わるとママチャリで「浜」という海辺に皆で行った。入学したての頃の会話の内容は「あの一つ上の学年にやばい人がいる」とか「地元で伝説の暴走族の人がいる」「同級生に半端ないくらい可愛い子がいる」「あの女の先輩にどうしても連絡先が聞きたい」「地元では〇〇という組織に入り、〇〇をやっていた」とか「〇〇先輩という人にお世話になったけど知ってる？」とか、全国から来ているので、本当も嘘も入り混じった全国の不良自慢大会が開催され、地元でどれだけ名をはせたか、その話がリアルかどうかを延々と語り、飽きてきたら誰かをいじって遊んでいた。話したい事を好きなだけ、気分の乗らないことは何もしない、自己主張激しめ、やるか、やらないかが口癖。プライドが高かった僕らは衝突も多く消耗の激しい距離感。悪いことをする時はいつも一緒。どんなに口裏を合わせても結局バレ、自分の悪い所など、何度も何度も反省用紙に書き出す。当時担任のあけみ先生（注：奥田あけみ先生）は相当、頭を悩ませたことであろう。しかし行事になると凄まじいパワーと団結力を発揮した。スポーツ大会ではとてつもない集中力と励まし合いで、浜にいた人とは思えないくらいの輝きを見せた。学園祭ではマッサージ店をやることにきまった。動機は不純。段ボールとペンキしか費用がかからない。メニューを細かく設定し、体の部位別で料金を分け、ＶＩＰルームも作り特別感も作り出した。ビジネスマンもビックリなアイデアと企画力、元気過ぎるメンバーが牽引し、おとなしいメンバーも細かい提案や調整してくれた事が功を奏したのか、大勢の人がきてくれ、大繁盛。家族には特別割引き、親さえ満足させられることができた。準備費用がほとんどかからなかったのでクラス全員で小樽にハンバーグを食べに行けた。多分、クラス皆で行けたのは北星はじまって以来の快挙であろう。
楽しい時間がずっと続くと思っていた秋も終わりそうな頃、仲間が下宿先で問題を起こした。多数の人が関っていた。そして仲間の一人が北星を去った。ずっといた人と突然会わなくなり空虚感が心に残る。「あいつの分も絶対に卒業する」そう決意した。
新学期になり、クラスメンバーも担任も変わり新しい気分に。大体は「顔は知ってるな」程度で、仲間や顔なじみの人が何人かいた。このまま学校生活を送れるとクラスににも馴染んできた頃、僕は問題を起こした。クラスメイトに必要以上のいじりをして自分の思う反応がなかったことに腹をたてキレて脅してしまった。もちろん謹慎処分。「何をやってんだ俺は」。あの時の決意はどこに行ったのか、また同じことの繰り返し。これまでも沢山、悪事を働いてきたこともあり、信用も単位もほとんどない状態。最後通告はとっくにされていた。それでも学校に残りたい。僕は最後のお願いを担任の中村キエコ（希絵子）先生にした。
先生「他に隠していることは？」
自分「ないよ」
心の中で「何のこと言ってんのか？」。思い出す気もなかった。そして、答えが出るまで謹慎の館である牧場で反省生活。「本当に言わないと、ここで学校を辞めることになるよ」

「お願いだから本当のこと言って」キエコ先生は真剣な表情と悲しそうな表情が混ざったような顔をしていた。記憶を思い起こすと、浜でお酒を飲んでいたことを思い出す。仲間と口裏を合わせて逃れようとしたが、北星の先生は見逃さない。言い出すまで何日もかかった。「これを言ったらもう単位がなくなる」と怖かった。でも、今まで北星で嘘をついてバレなかったことは一度もない。正直に話し、自分の課題に目を背けず、それと向き合うまでとことん話をされた。悪いことを認め反省し、次はどのようにしたらいいのか、自分に向き合い、その課題を克服するにはどんな行動していく必要があるのか、徹底的に考えさせられた。全部、正直に話してからでないと本当の反省も成長もない事をキエコ先生にさとされ、葛藤の末「浜でお酒を飲んだ」と白状した。もう単位は無い、北海道から東京に帰り自宅待機、処分の結果を待った。

もう何度も会議をしていたそうだ。目先の欲に負けた自分のせいで多くの人達を裏切り嘘をつき続けた。もうこれ以上は流石にクズすぎる。もう無いとも思う。母さんに「どうする？　帰りたいの？　帰りたくないの？」と聞かれる。「余市に帰りたい」と伝えると北海道に行く日が決まった。必死に食らいついてでも卒業する気持ちを伝えた。見栄やプライドを一切捨てて信用を取り戻したい。こんな自分を受け入れてくれる人達は他にはいない。こ

卒業してからと現在の自分

48期　上野大樹

んな自分にできることは卒業しかないと本気で思った。携帯は一年間、使用しない条件だった。自分と向き合ってこんなに苦しいけれど、向き合わない限り成長もしないし同じことを繰り返す。あの時の経験は社会に出た今こそ生きている。

あと一年、耐えて耐えて、我慢して、我慢して。その方法が一番いい。そんな事を考えて、周りと関わらないという自分なりの卒業にこぎつける方法を考えたつもりでいた。

同じ下宿の先輩達が生徒会執行部をやっていた。内容は、学校行事の運営、企画、規律、デザイン、設営からかたづけまで全部やる。各委員長が責任を持って運営を取りまとめて生徒に参加してもらい、学校全体をもりあげる。学校の様々なことを生徒の立場で決めていく、北星では最終学年がやる花形である。授業が終わってすぐから夜遅くまで生徒会室に残っている。いつも帰ったらいる下宿の先輩がいないのはとても寂しかった。けれど帰ってくるたび満足した表情でとても楽しそうだったし、怒っている時もあった（笑）。一番近くで見ていたからこそ、先輩方の成長をすごく感じたし、責任と自覚からなのか日を増すごとにかっこよくなっていく。生徒会って凄いんだと素直に感じていた。

先輩の良くんから「次の体育委員長は大樹やれよ」と言われ「良くんの次は自分しかいない」「この席は誰にも渡さない」という半分意地みたいな気持ちで立候補した。何とか体育委員長になる事ができたが、課題は山ほどあった。「無事に卒業すること」にこだわり過ぎたせいで、とにかく問題を起こさないこと、余計なことはしないことにとらわれ、周りと全くコミュニケーションをとらなくなっていたので、ホントどこから始めていいのかわからない。話しやすそうな人と話すのはできる。全く話したことのない人と仲良くなりたいけど壁にぶつかった。そんな時、生徒会で挨拶運動をはじめることに。自分から挨拶をする習慣がない自分はいつもどおりで、「顔こわいよ（笑）」とメンバーに言われた。笑顔を意識して声をかけると笑顔で返してくれた。心を込めて笑顔で挨拶すると、最初は挨拶を無視していた子も話しかけてくれるようになった。簡単なようだけど挨拶ってかなり奥が深い。

そして一年研修、強歩、スポーツ大会、学園祭と行事が続く。同じ議題で何日も話し合いをした。ぶつかりあったり笑ったり、泣いたり、それぞれ意見は違うけど先輩方が作り上げてきたように自分たちも生徒の皆に思い出を作って欲しい。その思いがあったから、最後までできたのだと思う。

学校行事で特に印象に残っているのは強歩、学園祭、スポーツ大会だ。強歩は三〇キロ、五〇キロ、七〇キロの距離を選んで歩く。一年生で最初に参加した時は余裕で歩けると思ったが、かなりキツイ。話すこともなくなってくるし、足も筋肉痛で動かなくなる。イライラして、もうタクシーを呼ぼうと思うけどそんなに車も走ってない。そんな中、生徒会の先輩が優しく励ましてくれてはいるものの八つ当たりしたり、訳わからないことを言い笑いながら仲間と汗を流してなんとか歩き切り、ゴールした後は疲れのあまり歩けなくなった。終わってみるとよくわからない爽快感と達成感、一緒に歩いた仲間と絆みたいなものが生まれ、苦しい思いを共にする事で出来上がる友情もあることを知った。

スポーツ大会は、クラスのメンバーで様々な競技に参加する。スポーツをとおして有り得ないくらいクラスが盛り上がり、勝ちたいという目的がギクシャクしていた人間関係も乗り越えていける力となっていく。練習しているクラスほど雰囲気が良くなり、負けても満足している人が多かった。僕も三年生最後のスポ大でバレーボールに参加、準決勝の最後大事な場面、僕のサーブミスで負けてしまったが、クラス皆は温かく励ましてくれた。勝つか負けるかよりも大事なことをクラスのメンバーに教えてもらった。

学園祭はクラスメイトが知恵を出し合って作り上げていく。様々な生徒の中で、時には喧嘩をしながら自分の意見を伝える事や、相手の意見を受け入れる姿勢が自然と三年間でできるように。自分中心の考えや行動になると周りは協力してくれなくなるが、一生懸命クラスの為にとの思いでやると自然と誰かが協力してくれた。助けてもらった分だけ生徒一人一人が主体となる良いクラス企画ができた。一人の力はたいしたことはなく、協力し合える仲間がいるからこそ出来上がる。普段は見せない才能を発揮する人がほとんどだった。皆が想像以上の力を持っているのだ。この経験はとても印象に残っている。

色んなことがあったけど信じることって必要だなと感じた。生徒会があったから全校生徒と関わるきっかけをくれて、こっちが教えてもらうことばかりで、感謝しかない。感情をどう出していいかわからない自分が、周りの先輩、同期や先生との関わり方で少しずつ変化した。生徒会では七人のメンバーがバラバラのことを言って永遠に話がまとまらないと思ったけど、自分の考えていることを表現すると意外にも同じことを考えている人がいることがわかった。皆も経験しているからこそ生徒の立場に立って提案し考えられることを学んだ。

そして気が付くとあっという間に卒業を迎えた。三年間を振り返ると様々な思いが込み上げ、涙ながらの卒業だった。

僕は地元八王子のトヨタ系列の自動車整備学校に進学した。勉強に関しては他の生徒より遥かにできなかったが、北星で身に着けた前向きさと、人の中に入り込む、出来なくても繰り返し頑張る、人を受け入れる姿勢で努力を認めてもらい、お陰で卒業することができた。その間も頑張る北星メンバーに何度も背中を押された。学校公開の日に来てくれた北星メン

卒業してからと現在の自分

48期　上野大樹

バーもいる（笑）。トヨタディーラーに就職した時、店長から「この子北星から来たんだよ」と皆の前で言われ、かなり緊張した。やたらと頭が良い同期と比べられて毎日怒られ、悔しくてたまらなかった。何を言われてもキレてしまえば昔に戻るような気がしてずっと我慢していたがもう限界だと思った時、上司に相談すると店舗を変えてもらえ、部署が変わり全く違う雰囲気。感性豊かな人が多くいたことで働きやすく直ぐに馴染んだ。

仕事も覚えてきて少し楽しくなってきた頃、本当に自分のやりたいことは何なのか考える時間が増え、悩んだ。特に「周りからたくさん支え助けてもらってきた経験を生かして人に寄り添える仕事って何？」って必死に考え、相談しまくった。出会う人に恵まれていたことを思い出し、「看護師になれば、その恩を返していける」。北星時代から今までを考えた時に、してもらうばかりでなくて、今度は自分が支え助ける人間になりたいと考え、看護の道に進もうと決意。そして地元の先輩に紹介して頂き、精神病院に転職して働くことに。幻聴、妄想に悩まされている人達に関わることになり、急性期という緊急度の高い患者さんが多くいる科に配属された。何故かあまり怖さを感じていない自分がいて、不思議と自然に寄り添うことができた。しかし、感性や感覚で仕事をしているだけで知識がなければ幅広い人に的確に関わることはできないし、ミスが許されない業界であるし、知識がないと専門職として「何でこの状態がおきているのか」がわからないことを思い知った。「何のため」と自分に聞き、あの時の決意を奮いおこしながら看護学校を受験した。何校か落ちてようやく一校合格できた。夜間の学校だったので昼間は仕事をしながら通った。周りも社会人で色んな仕事をしている人たちだった。ある意味社会人版北星みたいな感覚があった。勉強に関してはかなり後れを取っていたので、一からスタートでは時間的に無理があった。だからこそできることは何でもやろうと明るい挨拶、元気、笑顔、楽しく取り組むことを意識して掃除やかたづけは率先してやった。

「こんな自分ですがよろしくお願いします」とわからないことは聞きまくり、できないことをしっかり認め、どうしたらできるのかを考えながら、無理に伸ばすのではなくて自分の強みを伸ばしていく方法だ。ありのままの自分を受け入れてできることをコツコツやる。そうすることで自分の行動が明確になってきて周りの人が助けてくれ、教えてくれる。自分を認めてできることを楽しんでやっていく、これは北星生活の中で教えられ身につけたことだ。

北星時代は見栄やプライドが先行して中々出来なかったが、社会に出て色んな経験をした今だからこそ感じられることが多い。新しく何かに挑戦するときや何かを叶えたい時、北星の経験を振り返っていることが多いし、先生達が言っていたこと、下宿のおっちゃんおば

卒業してからと現在の自分

48期　上野大樹

ちゃんとの関わり、思いが少しだけわかってきているように感じている。今年で最終学年。できなくても、周りの人に感謝して、こんな自分ですがよろしくお願いします、という謙虚な気持ちで臨みたい。上手くいくことばかりではないし、苦しんだり悩んだりすることもあると思う。そんな時こそあの日の記憶を遡り、北星生活で得たヒント、答えを見つけていく。答えは必ずあると思っている。北星の先生達も自分の悩みを抱えながらも、僕みたいな生徒を励まし支え寄り添ってくれていたんだと思う。

北星で過ごす期間は、人との関わり方や自分の可能性を最大限に発揮する経験ができる。この経験は北星人にしかない特別な物だと僕は思う。社会は厳しくて肯定的に受け入れてくれないことも多く、成果や評価が中心になることも多い。自分の思っていることを素直に言わないほうが上手くいく時もあるし、暗黙のルールが存在する。しかしありのままを受け入れてくれる北海道の環境で育った自分達だからこそ、自分のことだけを考えるのではなく周りの人と一緒に成長する喜びを養える。家族、友人、先輩、パートナーはもちろん、職場の先輩、後輩など関わる人と共に成長したいし、自分と関わってもらうことで少しでも北星のこと知ってもらいたい。多くの人に支えられたくさんの人から言葉をもらった分伝えられることもあると思っている。

卒業した今でも仲間と連絡を取り遊びに行ったり、ご飯を食べたり。当時の自分たちより成長したことを感じたり、思い出を振り返り笑いが止まらない瞬間がものすごく楽しい。見えないところで皆を繋いでくれている仲間も、学生当時は嫌いだったけど今は戦友みたいな信頼関係がある。自分は親友だと思っているが、向こうはそうでもないらしい（笑）。色んな過去があるメンバーが、それを乗り越えたくましく生きてる姿に勇気、元気をたくさんもらえる。そんな皆のことを尊敬している。

北星を辞めた人ともお酒を飲める。これってとても温かい世界だと思う。辞めた悔しさをバネに社長業をする人、子育てしながら美容サロンを経営する人、日々社会に揉まれ奮闘している人、北星を卒業して社会の第一線で活躍してる人、公務員になった人、シングルになったけど子どもと楽しんで生活してる人、音楽の世界で活躍している人、今は休憩中だけど次の道に進もうとしている人。北星を出てからの方がリアルなドラマに満ちあふれていると僕は思っている。僕自身、現実社会と格闘しながら日々を生きている。そんな自分を心から称えたいと思えるので、しばらくは格闘しながら自分の人生を生きていこうと思う。

北星出身者でなくても悩みながら日々を生きている大人がほとんどだったりする。そんな人に根拠のない自信「大丈夫。気にすんな」って言ってたあげたらいいと思う。僕も皆に言

卒業してからと現在の自分

48期　上野大樹

われることがあるけど、かなり安心する、本当に優しい仲間に恵まれて感謝している。

自分の良い所、得意なところを存分に伸ばしていく生き方は北星出身者のかなり強み。この武器は大事に磨いていくべきだと感じているし「北星の出身の人は凄いね」と世の中に言わせるのが僕の目標です（笑）。僕はあきらかにエリートではないので、素直に泥臭く一生懸命、自分に与えられた課題をコツコツ楽しみながら頑張ります。

最後に特に過ごす時間が多かった下村下宿のおっちゃんへ。

入った頃は本当にろくでもない人間で、大事な後輩を留年させてしまったり、問題ばかり起こしてきた自分に対していつも真剣に、時には優しく厳しく向き合ってくれました。温泉、釣り、カラオケ、神輿やお祭り、たくさん連れて行ってくれて、北海道でしか出来ない経験ができた。おっちゃんが父親以上の関わり方をしてくれてたことを、今更ながら鮮明に思い出します。わかるまで向き合うことは、甘やかす以上に大変だったと思い、ただならぬ労力や覚悟を持って向き合ってくれたのだと思います。こんな自分ですが、それを感じることができ、その深い愛と思いやり、おっちゃんの本当の優しさが背中から伝わってくる思いです。おかげで今はまっとうに生き、良い友人、良い縁に恵まれて、おっちゃんの話をよくしています。感謝の心を忘れてしまいそうになった時はおっちゃんのことを思い出します。

おっちゃんが育ててくれたように、人を育み癒していく人間に成長し、その心を継承できる男になりたいと微力ながらに決意しています。下村下宿の兄貴である良くんに、とっても可愛い娘が生まれました。一樹くん、久遠くん、響、トミー君も立派に社会でがんばっていま す。海釣りに行けたことなど、地元の仲間に自慢しまくっています。船酔いでずっと倒れていましたが、これは言ってません（笑）。

（注：下村下宿の「おっちゃん」は、二〇二四年一月、長い闘病生活の末、お亡くなりになりました）

北星学園余市高校の教育、出会った仲間、先輩、後輩、下宿のおっちゃん、おばちゃん、先生方や売店のおばさん、掃除のおばさん、あけみ先生のご両親、牧場の家族のみなさん、地域のみなさん。とても素敵な環境と人間性、恵まれた自然とたくさんの愛に心より感謝申し上げます。まだまだポンコツですが、北星での経験に意味のないことは一つもなかったと、一〇年たった今だからこそ強く思い日々生きています。帰れる場所があるから挑戦できるという感謝を忘れず、良い大人になります！　未来のことはわかりませんが一日一日を後悔しないようがんばります。

一生懸命、一生懸命時間をかけたら……楽しい！うれしい！ワクワクだ!!

49期　太田　由香（2016年 卒業）

● 27歳まだ独身！　これからじっくり留学だー！

「アホで不器用すぎ」の私。

それを私以上にわかってくれていたクラスメイトや先生が、強くなくてもいいことを教えてくれた。

これからも、誰かの大切を一緒に大切にして生きていこう。

素敵なことはたくさんあるから。


私は毎日いろんなことを悩む。いっぱい失敗する。忘れっぽくて落ち着きがないのはなかなか治らない。全然ダメダメだーと落ち込む日はよくあるし、うまくいった日は鼻歌を歌って小躍りする。人に何かを打ち明けるのは勇気がすごくいるし、自分の弱っちいところを知られるのも未だに得意じゃない。だからこうして、ありのままの気持ちを書くのもものすごく時間がかかる。大事なことに向き合うのはすごーく大変だ。自信を無くしそうになっても、そこに足を取られずに、何が本当の根っこにあるのか、考えて見つけないといけない。それがすごーく大変。

でも、向き合う大変さを知っていれば、相手が出してくれた勇気を大事にできるようになる。そうやってできていく関係ってとんでもなく楽しくて嬉しくて愛おしい。北星余市の三年B組で毎日みんなと大笑いしていたホームルームの愛おしさが、この先もずっと変わらずその大事さを思い出させてくれる。私にとっての北星余市は、そういう場所です。

中学三年生の時、私は大分県の児童自立支援施設で暮らしていました。

「ゆか、笑ってみぃ。怒った顔してみぃ。悲しい顔してみぃ」

「どの顔も一緒やな。宇宙人みたいやなぁ」

施設に入りたてで呼び出された職員室で、いきなり変なことを言われてびっくりしました。私は物静かとは正反対な、むしろお調子者なタイプでした。でも、その先生の目にはいつも表情が同じに見えたそうです。それを宇宙人みたいだと言われて、「なんじゃそりゃ」と笑いながら、心臓がバクッとしました。

自分のことを勝手に見抜かれるのがすごく苦手でした。その頃は生きている実感とかがな

一生懸命、一生懸命時間をかけたら……楽しい！うれしい！ワクワクだ!!

49期　太田由香

く、目の前の全部が他人事のようで、幽体離脱したみたいにフワフワした感覚でいました。人の気持ちどころか、自分が何を考えているかさえ、聞かれてもまともに答えられませんでした。

施設に入る前は、夜も朝も関係なくフラフラと、誰彼構わず遊んで大人の世界へ連れて行ってもらおうとしていました。真っ当な説教なんてしてこない人達とヘラヘラして過ごし、それでいて常に何かにムカついていました。今思えば、何にでも腹を立てるのは物心ついた頃からそうでした。学校の友達や、思春期のお兄ちゃんや、生真面目な親。周りの誰とも対等じゃない、何もかも思い通りにならない、そういう思い込みが強かった気がします。悲しいとか悔しいとか、落ち込むような気持ちを伝えるためには、怒る方法しか分かりませんでした。夜、布団に入ると、色んな気持ちが次から次にグルグルして寝付けず、真っ暗な中でエアコンの電源の光だけを何時間も見続けていました。

そのうち行き場のない気持ちの全部をわがままや癇癪で親にぶつけるようになり、そんな感情表現を抑えられないまま中学生になりました。みるみる見た目が派手になり、自分の体を沢山傷つけて、色んな人の家に泊まり歩く生活を繰り返すようになりました。誰が何を言っても言い負かしてやるとさえ思っていました。親との関係も、自分の人生も、めちゃくちゃに壊す感覚を得ることでしかモヤつきを軽くすることができなくなっていました。両親は毎日夜中まで私を探し回り、一度も引かず、私を追いかけて説得し続けることを諦めませんでした。ずっとろくに眠れていなかったと思います。それがどれだけの愛情と強さか、どれだけ心配させて、悲しませてしまっていたか。私は何も感じずに、自分だけのために暴言をぶつけて責め続けました。

中学三年になった春、親との追いかけっこから逃げ切りたくて、とうとう大分から大阪まで家出をした結果、冒頭の施設で暮らすことになりました。ニコニコして日課をこなしておけば、簡単に周りの子より優等生でいられるだろう、さっさと出よう、と思っていました。けど良し悪しの分別も全然ないわけで、担当の先生と毎日のように言い合いになりました。ただ、頭ごなしに従わせようとしてきたりせず、「ゆかには良いところがいっぱいあるやんか！　せっかくなら素敵に伸ばしてよ！　もったいない！」みたいなことを絶対に言ってきました。私が誰かを傷つけたり、自分を大切にしていなかったり、そういうことをあらゆる角度で発見しては、悲しんだり悔しがったり、普通に腹を立てたり、良かった時は嬉しそうに、しつこく伝えてきました。どの先生もそうで、けど先生としての役じゃなくて、私のことも子供なんだから～じゃなく、そういう真っ正面の対等な説得は、空っぽになっていた私

一生懸命、一生懸命時間をかけたら……
楽しい！うれしい！ワクワクだ‼

49期　太田由香

が素直に納得できるようになるのに効果テキメンでした。

自室の壁は教えてもらったことをメモした貼り紙だらけになっていきました。「ありがとうとごめんなさいはちゃんという！」「言葉づかいに気をつける！」「自分がなにも伝えてないのに人を勝手に決めつけない！」どんどん増えていくメモを毎日頭に叩き込んで、本当に少しずつ人との接し方を気をつけていきました。全部どうでもいいと思っていた自分と、変わろうとする自分に板挟みで頭がぐちゃぐちゃになったりもしました。それでもだんだんと、先生や友達とちゃんと楽しく過ごせるようになっていくのを、すごく嬉しく感じました。

中学卒業後の進路を考える時、私は実家を出て一人暮らししようと思っていました。「家族に会うと息が上手く吸えない！」先生たちにそう訴えていました。うまく言葉にできなかったけど、悲しんで疲れ切ったような家族の顔を見るのがしんどくて、また攻撃しようとしてしまうのを避けたかったのかもしれません。そんな私と家族をずっと見てきてくれた担当の先生が卒業した高校が、北星余市高校でした。まだユラユラ不安定な状態の私を北海道に送るのは相当な葛藤があった上で、北星余市という選択肢を私に提案してくれました。

「もっちゃん（担当の先生の愛称）が言ってた面白そうな高校だ！　寮生活も一人暮らしよりワクワクする！」私は一瞬も迷わずに北星余市を選びました。

入学した当初のクラスには、大きな声で騒いでみせる子達、椅子に接着されたみたいに硬直している子達、両極端な初めまして達がピーンと張り詰めさせたような空気が教室中に充満していました。日本中から集まった、全く素性の知らない同級生と出会うなんて、そこにいる誰も経験したことなかったと思います。特に不良の子達は恐る恐る地元の話をしながら、相手を探りながら打ち解けあっていきました。静かな子達は十人十色で、親近感の沸く子同士で仲良くなっていったり、話すどころか教室にいるだけでやっとな子もいました。私にも、つけまつ毛同盟みたいな明るい友達ができて、あっという間に遊んだりするようになりました。

寮ではギャルの先輩も、大人しそうな先輩も、どっちかが偉そうにするでもなく、どっちかが我慢するでもなく生活しているのが分かって安心できました。そういう先輩たちの丸さは、北陽館のママとパパ（注：北陽館では、管理人さんを「ママ」「パパ」と呼んでいました）が、何かあった時の表情や言葉尻や足音や物音を見逃さずに、いつも説得力のある独特の語り方で話をしてくれるからだと思います（例えるなら桃井かおりって感じ）。

そういう居場所感を学校にも持てるようになったのは、行事のおかげでした。こういう時には案外前に出てみんなを引っ張るんだなーっていう子とか、逆にこういう時でも頑なに心開かないね！っていう子とか、サボって友達から怒られると素直に参加する子とか、普段は意識していなかったみんなの性格が行事のたびに見えていきました。担任の小野澤（注：小野澤慶弘先生）はそのバラバラさを叱るどころか、先生のほうから「鮭釣りに行くぞ！」「雪合戦の大会に出るぞ！」とわんぱくな遊びに誘ってきたりしました。反抗してやるとか、誰も信用できないとか、戦闘態勢だった子の警戒も解けていきました。

ただ、心の中で私は、「流されるもんか」と頑なに思っていました。大人数で安心したり、斜に構えた物言いだったり、態度をピリつかせて威圧するような、そういう類の強がる方法からは「私はもう足を洗ったぞ！」みたいな意思の塊の壁でした。そういうのが幼稚だと思う気持ちもありました。一人でも堂々としていて、何にでも寛容で前向きでいるのが「大人」とか「強さ」みたいなものだと考えていたと思います。そうあるために、自分にとってマイナスな感情は封印して、一定の機嫌の良い振る舞いをするクセがついていました。

二年生に進級して初めて先輩にもなり、クラス替えもあり、環境が大きく変わったな、と思いました。最初は、新しく担任になった本間ちゃん（注：本間涼子先生）のコテコテな関西弁とテンションに目がチカチカして、同じクラスになったみんなは反対にしーんと静かでした。なんとなく居心地が悪いけど誰も自分からは殻を破らないような消極的さが伝染していた感じでした。その割には授業中に携帯やマンガを注意されても聞かなかったり、中抜け（サボり）したり、舐めてかかれる相手を選んでわがまま放題な態度が目立ちました。「なんでそんなに偉そうなんやろ」「注意されて無視したり、困らせたり、それを面白がれるのなんでなん」「なんで誰も不快に思わんのや」「先生ももっとピシッと叱ってよ！」毎日そういう文句が私の頭の中をグルグルして、何もせずに見てるだけの自分にもすごく腹が立つようになりました。教室で過ごす時間がしんどくなっていきました。そんな中、唯一救われたのが本間ちゃんのクラスへの言葉がけでした。

「私、あんたらのそういうところめっちゃ嫌やねん！　自分さえ良ければいいっていう、ほんとにくだらんことで誰かが傷つくねん！」（たぶんそんな感じ）

私がしんどく思っていた部分を、本間ちゃんはいつも過不足なく真っ直ぐ言葉にして叫んでいました。それまでは友達に注意する勇気がなくて、もし頑張って言っても状況が変わらなかったらもっとしんどいんじゃないかと思っていました。でも、大事なことなのに、それを一生懸命叫ぶのを本間ちゃんだけに頑張らせて黙っている人任せな空気のほうが嫌だな、と思うようになりました。私が勇気を出したら、その空気が変わるかもしれない。自分では言い出しにくい他の子の気持ちも、私が救われたみたいに今よりもっと楽になるかもしれない。そう思った瞬間から、伝えなきゃだめだ！　と行動することにしました。

文化祭の準備でもなかなか人数が揃わなかったり、そんな状態で合唱の練習をしても声は全然出ませんでした。参加せず寮に帰ろうとする子を追いかけて声をかけたり、人が足りないグループに話しかけて一緒に制作を手伝ってみたり、どうしたら上手くいくか分からないけど、気になることを全部行動してみた気がします。少しずつサボる子が減って、そしたらみんなの会話が増えて、ふざけて笑いがいっぱい起こるにぎやかな時間になっていきました。一部の子だけ頑張るとか、一部の子だけ盛り上がってるとかじゃない、みんなで笑えるのが、本当に本当に楽しくて嬉しかった。だから、普段の教室がずっとこうならいいな、と思いました。

授業中のマンガとか、携帯やおしゃべりとか、心臓が暴れるくらい緊張したけど、直接声をかけて注意するようになりました。元々は先生の授業が無視されているのを見るのがしんどかったり、話を聞いてる子にとっては何度も授業を中断されるのってしんどい、ていう気持ちだったけど、「なんで先生みたいなことしとんの?」「ゆかちゃん優等生やな」と、受け取られてしまっていました。聞いてもらえないのってこんなにしんどいのか、と思い、余計に言い方もきつくなって、空回りする悪循環でした。誰かの気持ちを軽くするどころか、クラス全員から受け入れられていないような気持ちになっていきました。けどここで私が言うのをやめたら、もう誰も勇気を出せなくなる、それだけが続ける理由になっていました。そんな時に本間ちゃんから、「ゆかちゃんは良い子ちゃんしたいわけちゃう。けど周りに思いが伝わってへん。それを見てるのもしんどい。絶対に分かろうとしてくれる人がいるねん。そういう人にちゃんと打ち明けてほしい」と話をされました。誰かを頼るっていう発想がなかった私にとって、その時はものすごく難しいことみたいに聞こえました。

私が生徒会に立候補した時の応援演説を、クラスの子が引き受けてくれました。その全文を引用します。

「ゆかちゃんはとりあえず、でらがつくほどのアホで不器用すぎてたぶん（ゆかちゃんのことをちゃんと）理解しているような人間は少ない。俺自身、つい最近まで色々なことを思ってみていた。どこを目指してあんな物言いしとるのかとか、小学校の時におったちょっと優等生タイプの人間だな、とか。たまに、どうしたらそんな風になれるのか意味がわからなさすぎて誰かに洗脳されとんだなくらいのことも思った。でもそんな風になっていたのもなれたのも生徒会に対してか学校に対してかクラスに対してかわからんけど強い想いがあるからだと思ってみていた。実際、そうじゃないとあんな風にすらなれない。

最近は、そう思わなくもなくなってきた。みとってちょっぴし可哀想とも思うけど、たぶん理解してくれる人間も少ないことをもっと可哀想に思う。だからこそ、前期の生徒会でどれほどうまく伝えることができるのか、理解を示す人間がどれほど増えていくのかが気になる。

想いは充分強いし、そんなゆかちゃんだからこそまだまだ伸びしろはあると思う。それもあるし、ただ単純に興味もある。それで応援演説も頼まれて、わかった、やってやろうという気になった。まーみんなにもわかっていってほしいとは思う。俺も全部が全部、彼氏じゃあるまいし、わかるわけがない。けど少なからずクラスが一緒の分色んな所を見てきてこう思った」

アホはどっちや、と思ったけど、普段私が注意ばかりしていたその子からの、何のいじわるもない素直な文章が本当に本当にうれしくて、自分の見えていなかったところに気づけるきっかけになりました。私は怒ってばかりで、周りを敵みたいに見てしまっていました。勝手に周りの気持ちを考えていたつもりでも、目の前の相手の気持ちも優しい部分も全然見えていなくて、ただ自分がスッキリするだけの攻撃になっていたんじゃないかと思いました。伝わってほしいなら、相手が受け取りやすい言葉をちゃんと工夫して考えよう、相手のすてきなところを見つけることから変わっていこう、と思い始めました。

目に見える大きな結果が変わるとかじゃなく、それからも伝わらないこと、上手くいかないやりとりはまだまだたくさんあったけど、自分に見える世界をすごく面白く感じるようになりました。私が「でらアホで不器用」ってことを分かってくれているみんなとふざけて笑えるようになった時間が、たまらなく楽しくなりました。それが私だけじゃなく、「自分を分かってもらえてる」っていう安心感が、いつの間にかクラスにドバーッと浸透していった気がします。自分の言葉を言えるようになった子、人の言葉を聞けるようになった子、素直に笑えるようになった子、みんなの表情がどんどん可愛くなっていって、それをクラスみんなが嬉しいこととして実感している感じでした。私がいた三年B組は、私にとってそういうクラスでした。あーここには書ききれない色んなことがあって、もちろん良いことだけじゃなくて、でも本当に色んなときめきがあった。

最後にもう一つ言っておきたい、大きく変わったことがあります。自分の家族への気持ちです。自分が必死で伝えた気持ちが相手に届かないことがどんなに苦しいかを知れたおかげで、「親もこんな気持ちやったんかな。いや私の何百倍も苦しかったよな」と気がついた瞬間がありました。親の心配性でちょっと真面目すぎるところも、私の奔放で危なっかしいところも、未だに変わらないけど、お互いがぶつけ合わずに一緒にいられるようになりまし

一生懸命、一生懸命時間をかけたら……
楽しい！うれしい！ワクワクだ‼

49期　太田由香

た。これからもきっと、私がおばさんになってもうちの親は過保護に心配してくれると思うし、今の私にとってはそれがすごく嬉しくて幸せなことです。

北星余市を卒業して、大学に行かせてもらって、今は働きながらお金を貯めています。今年の秋から留学することにしたからです。英語を話せるようになれば、日本語が話せない人とも沢山話せるようになるし、生きている間に日本じゃない場所に住んでみたいと思ったからです。五年後、一〇年後やおばあちゃんになった自分が、どんな風に生きているかっていう可能性が広がるのがすごくワクワクします。

楽しいとか面白いとかっていう見栄えのいいことだけ大事にして、悲しいこと、困ったこと、悔しいことをちゃんと見ないのって、本当の強さじゃないんだって気づくのに時間がすごくかかりました。そもそも強くなくてもいいんだし、＝弱いってことでもない。自分が気づけたことは、どんなことでも見ないふりせずに大事にしたらいいし、他の誰かにとってのそういう大事なことも、一緒に大事に守れる人でいたいです。それがどれだけ愛おしくて楽しいかを、北星余市で学んだからです。

そのために、これからも沢山の失敗をして、沢山気づいて、悩んで工夫して、人の手も借りて感謝して、色んな素敵なことに感動して、どんどん生きていこうと思います。

「いい子」を抜けて「仲間」を知った

50期　高瀬　薫（2017年 卒業）

●いつも進んでいっぱいいっぱい。ひたすら迷走中

「こんな所でやっていけるわけない」そう思いながらもあれこれ面白がる自分もいた。

「あんたはここにおらなダメや」

最後の学祭前に起きた大事件。多くの葛藤を抱え皆で考えた。そして理解できた「本当の安心感のある人間関係」。完璧でない僕は、今も仲間たちの中にいる。

なんだかんだ、「いい子」だった。幼稚園の年長さんから、「チャレンジ一年生」をやっていた。一年分、先取りしていた。小学校にいけば、習うことは全部すでに知っていることばかり。みんなが行き詰まるところもスルーでき

「いい子」を抜けて「仲間」を知った

50期　高瀬薫

る。漢字テストで満点をとり、割り算の筆算を同級生に教えていた。大きな忘れ物もしないし、小さい頃は親以外の大人に叱られることはなかった。なんとなく、鼻を高くしていられた。

小学校も後半になると、塾に通い始める人がちらほら出てくる。そんな同級生たちに負けたくない。自分も塾に行きたい、と親に頼んだ。家族は協力してくれた。

こんな言い方をするのもバチがあたりそうだけど、気づいたら中学受験することになっていた。なんとか、そこそこの進学校と言われるところへ入学した。

そこからが大変だった。周りは、いわゆる受験戦争を潜り抜けてきた人ばかり。今までのように鼻を高くしてはいられなかった。定期試験のたびに張り出される成績上位の一覧、そこには入れなかった。中一の一学期、中間試験はまあまあだったが、期末試験では順位も点数も一気に落ちた。夏休みには、コンクールを控えた吹奏楽部の練習がびっちり入っていたほか、各教科膨大な量の宿題が出た。コンクールには誰にも負けないはずのピアノのパートで出させてもらった。が、悔しい結果に終わった。そして、膨大な宿題は終わらなかった。

一大事だ。宿題の大部分が終わっていない。「宿題、終わりませんでした」と職員室に言いに行くか、もしくは、終わっている体でノートだけ出して、後で呼び出されるか。この選択肢しか残されていない夏休み明けの僕。放課後居残りすることになったら、部活に行けない。チーム全体に迷惑をかける。当時面倒を見てくれていた先輩達の中には、放課後の補習に引っかかって部活を欠かすような人はいなかった。そんな中、部内で大して活躍していない僕は活動を欠席して居残りを命じられるのである。

夏休み明けの学校へは、前述のような「できていない自分」という醜態を晒すために行くようなものだった。どんな言い訳をしようと、できなかった、やらなかった自分が悪いのだ。そりゃそうだ。学校に行ったら、否が応でもそこに向き合わなければならない。部活も勉強も両方、泥臭く、且つ戦略的に取り組んで、どちらもモノにすることが求められる中（先輩たちはそれをそつなくこなしているように見えた）、それができない自分に、向き合いに行かなければならなかった。みんなができていることが自分にできない状況、それを受け入れられなかった。夏休み明けの登校は、この上なく足が重かった。

それから先、二学期、三学期と欠席が増えていき、二年生に上がると学校に行かなくなっていた。部活は楽しくて、一時期、授業には行かずに部活だけ行くこともあった。が、みんなが当たり前にこなす「勉強」「授業」を欠かす罪悪感が増してきて、それは続かなかった。会いたい、話したい同級生もいない。ちゃんと「できる」先輩たちのところには、足掻いても届かない。当時の僕から見えていた世界では、文武両道が「かっこいい」「正解」だった。

「いい子」を抜けて「仲間」を知った

50期　高瀬薫

そんな中、僕は文も武も至らない。「いっそ全部放棄して何もしない」という選択しか、当時はできなかった。欠陥だらけで、劣等な自分など、いないことにしたかった。

それからの生活は、鬱々としたものだった。一日中テレビを見て、午後のワイドショーが終わる頃に「ああ、今日もこんな時間か」と思う。中学二、三年生の間は、そんな時間を浪費する日々だった。学校に行かない劣等感と、何もしない優越感の混ざった不思議な気持ちだった。大多数の人がいくレールを大きく外し、人生終わった、と本気で思った。いつまでもこうしているわけにはいかない。けど、ここから脱する先などわからないし、探したくもない。夜中に自転車に乗り、決まったコースを走った。これは、中学の先生が言っていた「怠惰な自分に勝つ」ということを、せめて何か自分もしなきゃ、という気持ちからの行動だった。実家のピアノもよく弾いていた。自分からっぽだから、ピアノではせめてアイデンティティだと言えるくらいの技量を保たなければならなかった。

そうこうしている間に、中学卒業後どうするか、決めるリミットが近づいてきていた。自分が今崖っぷちにいることはわかっている。いや、とっくに崖から落ち始めている。中高一貫校だったので、同級生のほぼ全員はそのままエスカレーター式に高校進学する。当時の担任と学年主任がわざわざ家に来てくれ、今から通い直せばもしかしたらそのまま進学できるかもしれない、と言った。この環境であと三年半、すでに大きな遅れをとっている中、大学受験に向けてさらにハードになる文武両道の風潮の中で、やっていけるわけない。いや、やりたくない。当時の僕の中にあった選択肢は、高校浪人か、通信制高校への進学か、高卒認定の取得だった。高卒認定については、今まで人より「できて」きたんだから飛び級してとってやろう、とも考えた。当時、会話の機会がほぼなくなっていた父親からは、「高校浪人はやめておいたら」と言われた。だから浪人は選択肢から消えた。

居間に、通信制、定時制高校のパンフレットがダンボールいっぱいになって置いてあった。親が掻き集めてくれていたのだ。その中に北星余市があった。往生際悪く、当時の僕の中の「正解の進路」は、「いい高校」で文武両道して、「いい大学」に入る、というものだった。「俺はこのパンフレットに載ってるような『ヤンキー』じゃない」「ああ、俺も落魄れたもんだ」「もう、みんなが歩いているレールには戻れない。終わった」……当時は本当にそう嘆いた。しかし同時に、いつまでもこのままではいられない、という焦りも増してきていた。家族で北海道へスノーボードをしに行く、という体で学校見学へ、また後日面接へ行った。その時、学校や下宿を案内してくれたのは玉ちゃん（注：玉村純子先生）だった。場数を踏んでいそうな安定感と、固有性に寄り添ってくれる温かさを覚えている。玉ちゃんが入学後まで名前と顔を覚えていてくれたのも、その時大きな安心になった。

合格通知が届いた。学校見学に行ってわかったのは、今までとは違う意味で、この学校ではやっていけないだろう、ということだった。見学に行った下宿の部屋からは大音量で音楽が流れ、そこから出てきたのは金髪にピアスのいかつい見た目の人たち。今まで関わったことのないような人がたくさんいる。親しくなんてなれるはずがないし、三年間は耐えられない。けどもう、目の前にはその道しかなかった。人生どうにでもなれ、と思いながら、二〇一四年の四月、北海道へ飛んだ。

僕が入居した清野下宿は、玄関上の階段を上がったところの窓から、空き地が見える。晴れた四月に、そこには雪が厚く残っていた。北海道に来てしまった。入学式や対面式を茶番だと思って済ませた。どうせ、レールから外れ、崖から落ち切り、落魄れたのだ。全てがどうでもよかった。気軽に話せる友達もできず、クラスに馴染むでもなく、毎日いろんな事件が起こる教室も、一周回ってくすんで見えた。

そんな「くすみ」も、やがて積もってくる。下宿の個室でさえ居場所とは感じられず（感じようとしなかった、が正しい）、落ち着けなかった。ある日、下宿のおばちゃんに「学校が、生活が、楽しくない」とこぼした。するとその夜、ガタイがよく筋金入りのヤンキー感のある寮長の先輩が、部屋を訪ねてきてくれた。なぜ北星に来たのか、これまでどんな生活をしていたのか、互いの話をして、僕が話すことを、うんうん、そうなんだ、と細かく聞いてくれた。僕を気にかけて、話しにきてくれる人がいる。余市に来て初めて、安心感を覚えたできごとだった。

目の前がくすんでいるとか、楽しくないとか言いながら、振り返ってみればフットワーク軽くいろんなことに手を出していた。ボランティア局の活動に行ってみたり、夏前に学校からヨットを運び出したり。放送局でＴＶドキュメンタリーを作ったり、軽音ライブに出たり。機会を見つけるたびに、身をそこに置いてみた。時間の浪費は今まで散々やってきたので、その反動があったのかもしれない。何より、わざわざイレギュラーすぎる進路を取り、余市に来たのだ。今まで身を置いたことのない世界が散らばっていて、一つ一つが新しく、なんだかんだ面白かった。

しかしそんなことがあってもなお、この頃の僕は、編入可能な地元の公立高校に、ちゃんと勉強し直して入り直すことを考えていた。まだ、「いい大学にはいること」が「正解の進路」だったのだ。このことをある教員にこぼすと、「あんたはここに三年間おらなだめや」と即答された。理由は教えてくれなかったが、その答えの勢いが自分の中に残った。そうなんだ。どうやら、ここで三年間やってみるのがいいらしい。

北星の先生たちは、みんな好きなことをやっていた。長期休みのたびに旅に出る人もいれば、毎週末、山に出かける人もいた。冬には学校のバスで生徒たちを雪山に連れ出してくれる人もいて、何度もそのバスに乗った。そんな先生たちの、嘘のなさが心地よく、かっこよかった。この「背中を追いたくなる感じ」が、僕を余市に引き留めたのかもしれない。

学年が上がり、後輩ができた。これまでの背景がどうであれ、わざわざ余市に来たのだ。散らばっている未知の世界を知るのが面白かった僕は、下宿の後輩の彼らにも同じような覚醒をしてほしかった。しかしそんな後輩の中の一人は、いつまで経っても朝起きられるようにはならないし、遅刻や欠席、謹慎処分が重なって単位が切れ、退学に追い込まれてしまった。彼にとって、ここでの経験は特にそれほど面白いものではななかったのだろうか。逆に、僕はそれをなんで面白がれたのだろうか。いろんな後輩が入ってくる以上、一筋縄でいかないことは、頭ではわかっていたつもりだが、自分の安直さがなんだか虚しかった。

三年生になり、僕は生徒会執行部として北星生活最後の学祭を控えていた。その矢先、本番直前に、生徒会長と副会長の二人が謹慎処分に入るという大事件が起こった。夏休み中に飲酒していたらしい。残されたメンバーは、その二人を欠かした状態で学祭本番を迎えることになってしまった。全校をリードする存在であるはずの生徒会で、「なぜこんなことが起こったのか」「執行部から謹慎処分を受けるメンバーが出たことについてどう思う？」など、毎日毎日学祭の準備の後、日付が変わるまで生徒会室で残されたメンバーは話し合った。

「やっちゃだめだとわかっていながら酒を飲むあいつら二人が悪い」「許せない」……。それはそうだ。二人に問題はある。しかし同時に僕らは「謹慎を受ける人間を出す生徒会」という集団だった。謹慎処分を受けている二人に限らず、生徒会集団として、落ち度はないのだろうか。どんな集団だったら、二人の飲酒のストッパーに僕らはなれたのだろうか。

その話し合いの中で、気づいた。飲酒事件時点では、生徒会の集団は「違和感をなんでも言い合え、それを互いに聴き合える、本当の意味での安心感のある関係」ではなかった。生徒会は、余市で過ごす生徒のみんなに少しでもプラスの経験をしてもらい、三年間という限られた時間の中に散らばるチャンスを最大化させる、そんな集団だったはずだ。そのために行事をリードしたり、レクリエーションを企画したりする。それに向かう道のりの中で各々感じた違和感を、言い合えていたか？　指摘していたか？　そういう類の会話は、共通の目的地への道のりを辿る上で必要不可欠だったはずだ。

学祭後、二人の謹慎が明け、生徒会の全員が久々に揃った。僕らは今まで話し合ってきた

「いい子」を抜けて「仲間」を知った

50期　高瀬薫

ことを、処分を受けた二人は謹慎中に考えてきたことをぶつけ合った。

生徒会長は、廃校問題等々もあり、就いてから出ずっぱりだった。「俺がやんなきゃ誰がやんねん、って突っ走ってきた」と言った。隙を見せられなかったのだろう。その状況で、本人も周りに助けを求められず、周りも汲めていなかった。本人にとっても周りにとっても、そのコミュニケーションが取れるような集団ではなかったのだ。このタイミングであるべきではないかもしれないが、謹慎明けの本人がこのことを曝け出してくれたことに救われた。

なんとなく、「本当の安心感のある人間関係」がどのようなものか、わかってきた。一緒にいてくれる人たちと自分自身それぞれ、何が得意で何が不得意か分かり合っていること、その理解を進める際に見る側面は無数にあるということを身をもって学んだ。

北星余市を卒業した後、このことを話す機会がたびたびあった。その時に大学の友人に言われた印象的な一言は、「『本当の安心感のある人間関係』って目指して作るより自然にそれができてるのが理想だよね」。僕らは、生徒会の謹慎処分という事件をもって、この人間関係を自分の感覚として理解できた、とも言える。社会に出たら北星で言う謹慎処分のような失敗は許されない。何より、目指して作ったそれは本物ではない。

一人ではできないことを、周りの力を借りて集団で成し遂げなければならない場面は、今後幾度となくあるだろう。それは共通の目的地を見失うことなく、自分とは違う他人を面白がって受け入れることから始まるのかもしれない。

社会に出て、「集団で成し遂げなければならない」渦中にいる。僕がいる部署は学生のアルバイトの人たちも多く所属する。正直、「仕事舐めてるの？」とか「ここは学校じゃないし」とか、思うことがたまにある。そんな時、どんなに裏切っても信じて期待してくれる北星の先生や、互いに理解し合えた北星の仲間を思い出す。幸いにも僕は、自分が知らないその人の世界を面白がることができる。同じ目的地に向かう仕事仲間それぞれが、オリジナルの立ち位置を見出し、それをみんなが理解し、持ち味を引き出し合う。不得意分野や隙も知っていて、隙が大きければ指摘し合える仲間がいる。学生のアルバイトだから…とか抜きに、一人の人間として向き合う。その感覚を僕は知っている。

人と向き合ったり、集団で何かに取り組んだりするのは、エネルギーを使うし面倒なことも多い。一人でやった方が早い、と思うことも多々ある。でも、隙だらけでもう「いい子」ではない僕を見捨てずに、周りに人がいてくれる。北星卒業後も、大学でも社会に出てからも、仲間がいる。完璧な自分になることにエネルギーを使うくらいなら、一緒にいてくれる人と、一人ではいけないところへ行きたい。

一生懸命って、本気って、いいじゃん！

50期　鳥山（滝沢）　実穂（2017年 卒業）
●しごできワーママ目指して奮闘中

自分の居場所を見失っていた。そんな生活から抜け出したかった。北星余市は、蓋をしていた気持ちや、言葉にしなかった思いを引っぱり出してくれて。

めんどくさいと思っていたあの時間が、今、私の大きな糧となっています。


無意識に、ずっと自分の気持ちに蓋をするようにして過ごしていた子どもの頃。

中学に入って出会った、周りを気にせず、とにかく自分のやりたいように生きてる人たちを見て、なんだかカッコよく見えたんだと今は思います。自分もああなりたい！　と。

気付けば部活を辞め、学校には行かなくな

り、活動時間は夜。そんな生活になっていた中学一年の冬。そこからかなり好き勝手に、親にも、祖父母にも、私に関わってくれていたすべての人に迷惑をかけながら生きていたなと思います。

我が家は、母と私と弟の三人家族。当時、母のメンタルは触っただけで崩れそうなくらい弱いお豆腐みたいで、毎日のようにお酒を飲んで、一人泣いている。そんな母でした。二回結婚に失敗している母が新しいパートナーを連れてきたのは、私が中学三年生の頃。反抗期真っ只中の私はそれが耐えられず、日に日に家での居場所を失っていくような気がしていました。

自分の居場所を求めた結果、地元のレディースに加入してしまい「辞めるまで帰ってくるな！」と家を出された中三の夏。家族と離れ一人アパート暮らし。気付けば溜まり場になっていました。二四時間誰かがいる生活を最初は楽しんでいたけれど、だんだんしんどくなってきて。どんどん悪くなっていく生活。次々と捕まっていく仲間たちを見ながら、「私どうなっていくんだろう?」と我に返っていく自分がいました。そんな時、「家に帰りたい！更生したい！」と突然思い、家に帰るための条件だった脱退を決意。

その頃、色々助けてくれた祖父の友達の弁護士さんから紹介されたのが北星余市でした。

一生懸命って、本気って、いいじゃん！

50期　鳥山実穂

たしか当時地元の高校は通信制か、定時制かじゃないと入れない状態で、でも何故か全日制に通ってみたいと思っていて。それもあってか祖父母の方が北星行きに大賛成。ちょうど近々静岡で開催される説明会に行ってみようということになりました。全日制高校には行きたいけど、北海道行きには全く乗り気じゃありませんでした。でも、お世話になった弁護士さんの紹介だし……と。北海道なんてどうせ行くわけないと母は来ず、当日は祖父母に連れられ説明会まで。説明会に行くと、部屋に入った瞬間、親の会のお母さん達が凄く笑顔で話しかけてきてくれて、よく分からないけど「舐められたくない!!」と超生意気な態度で挑んでいた私も、やけにハイテンションなお母さん達に圧倒された記憶があります。

後に三年間担任してもらうことになる肇先生（注：久保田肇先生）が当日講演してくれたのですが、喋りは遅いし、なんか頼りなさそうだし。「なんだこいつ、絶対行かねえ」と思った記憶もあります（笑）。学校に行けないような人たちが集まる学校なんて絶対大変なはずなのに、こんな弱そうな先生で大丈夫なのか⁉と。面談でも、現状はどんな感じなのかという質問に無言を貫く私。代わりに祖母がノリノリで答え、「それはうちにぴったりですね！」とゴリ押ししてくる肇。気が変わることも無く、なんだかイライラしながら帰宅。でも、そんなタイミングでちょうど母と揉めて。「もうこんな家出て行ってやる!!」と思い、

〝北海道へ行くことにした〟と祖父に伝えたのが、北星へ入学した決め手です。そこからはトントン拍子で、「やっぱ辞めようかな」なんていう暇もありませんでした。きっと家族からしたら、早くしないと気が変わる！　と必死だったのかな……。

「更生する。北海道に行く」と突然言い出した私に、戸惑いつつも応援してくれた地元の友達。入学のため北海道へ行く時には、前日に家まで来てくれて、当日も駅まで見送りに来てくれました。北星入学をきっかけに関わりの無くなった友達も沢山居たけど、この時応援してくれた友達は、今も仲の良い友達です。

迎えた入学式。前日の寮へ入る日からとにかく舐められたくなくて気を張っていたけれど、意外とみんなフレンドリーで、当日から部屋に来てくれて話した子もいました。入学式当日も気を張っていたものの、前から友達だったっけ？　と思うほどめちゃくちゃフランクに話し掛けてくれる子や寮の子がコミュニケーション能力が高かったおかげで、徐々に心を開けるようになっていったなあと思います。

入学して、特に印象的だったのは、スポーツ大会に文化祭……学校行事にみんなが一生懸命なこと。普段かなりだるそうに授業を受けてる子も、新学期早々謹慎に入るようなやつも、行事には割と一生懸命。そんな見た目をしてるのに、普段あんなに態度悪いのに、そん

一生懸命って、本気って、いいじゃん！

50期　鳥山実穂

な頑張っちゃうんだ?? みたいな。そんな子たちの存在が、いつの間にか「頑張るイコールかっこ悪い」になっていた私の考えが変わることになったキッカケのひとつでした。大好きだった一年C組は、スポーツ大会も文化祭もとにかく全力。練習したり準備をしたり、本当に楽しい思い出です。

そして私は元々勉強が好きだったことも思い出しました。みんなでテストの点数を競い合いながら、絶対追試にひっかかるのは嫌だ!!! と夜中寮の子達とオール（注：徹夜）で勉強したりする時間も好きでした（笑）。

二年生も、中だるみしつつ、なんとか頑張って過ごして。もうすぐ三年生って時に、前期生徒会執行部への立候補を決めました。寮の友達や後輩と関わっていくうちに、行事に取り組んでいくうちに、リーダーシップを取ったり、みんなの想いをまとめたり、寄り添ったり、そんな風にするのが好きだと二年間の中で気付いたのが決め手でした。といっても書記ですが……。

無事に生徒会執行部になってからの生活は、本当に忙しくて記憶にないくらい。五〇期前期生徒会の顧問は本間涼子（注：先生）。手抜き、なんとなーくなんて許されず、とことん話す、話す、話す……。時にはぶつかりながら、揉めながら、自分の意見を出すこと。特に覚えているのは……三年の文化祭前に生徒会から謹慎者が二人。単純に文化祭をどう乗り越えるか話し合うだけじゃなく、「どうして謹慎者を出してしまったのか?」「仲間の私たちにも原因はあったんじゃないか?」死ぬほど時間を使って話し合った記憶があります。自分の中で思っていることがあっても、めんどくさいから、と言葉に出さないことが多かった私。生徒会での話し合いは、誰かが逃げに走っても、本間が捕まえて徹底的に掘り下げてくれるおかげで(笑)、気づけばみんなが本気で話し合う、そんな時間でした。だからこそ自分の意見も話せたし、なんか「ん?」と思ったら突っ込んで聞いてみる。そんな力がついたなぁと思います。今の仕事でもかなり活きています。あの時は「今日も生徒会だよ、だるいなー」と思っていましたが、今となっては宝物です。

入学前は印象最悪だった肇のことも、気づけば大好きになっていました。一年生が終わるころ、「二年も肇が担任じゃないならやめる」と宣言したからか、無事三年間、肇のクラスで過ごすことができました(笑)。中学の時に抱いていた学校の先生への不信感は、肇のおかげで消えたんじゃないかなと思うほど。私たちの卒業と同時に退職する肇へ、クラスのみんなでサプライズを考えて贈ることができたのも心に残っている思い出の一つです。

北星入学で、家族との関係も良くなりました。離れたことで家族のありがたみ、大切さを

一生懸命って、本気って、いいじゃん！

50期　鳥山実穂

痛感することができたように思います。

三年間、何度もホームシックに陥って地元に帰りたいと考えていた日もあったけど、卒業式を迎えたらやっぱり寂しくて。卒業した今では、寮生活は嫌だけど、ちょっと余市に戻りたいなぁと思う時もあります。寮生活は嫌だけど、大好きな寮母さん「ひーちゃん」のご飯を食べながら、ひーちゃんと寮のみんなと笑いながら話したいなぁと思ったり。度々余市での生活を思い出します。

卒業後に就職した放課後デイサービス。障害を持ったお子様をお預かりする学童みたいな事業所で働いていて、もう八年目。店舗責任者をしています。この仕事は、「子どもが好きだから、子どもに関わる仕事がしたい！」と応募したのがきっかけで、なにも知識がない状態からのスタートでした。色んな個性を持った子どもたち。正解のない関わり方に、日々勉強しながら、楽しみながら、働いています。また、役職を持つようになってからは部下との関わり方にも悩む毎日でまだまだ勉強中ですが、北星時代に色んな人たちと関われていた経験がかなり助けとなっています。北星ではテストの点が良い方だった私も、社会に出たら低レベル。知識が無さすぎて唖然とされることもありますが、北星で培ったマインドでここまでやってこられたと思っています。

四年前に娘を出産し、今は子育てと仕事の両立に奮闘中ですが、目指しているのはしごできワーママ（注：仕事できるワーキングママ）!!　いろんな人にサポートしてもらいながら、可愛い娘に癒されながら、日々過ごしています。

北星で出会った仲間も宝物です。私は北星時代の同級生と結婚したので北星家族だし、北海道を離れた今も近所には北星人（注：北星余市の卒業生）が住んでいて、頻繁に会っては一緒に子育てしてもらっているような関係です。道民の子が関東に来れば我が家でみんな集まったり、定期的に仲のいい友達同士で集まったり……卒業後も支えてくれる、大切な仲間たちです。

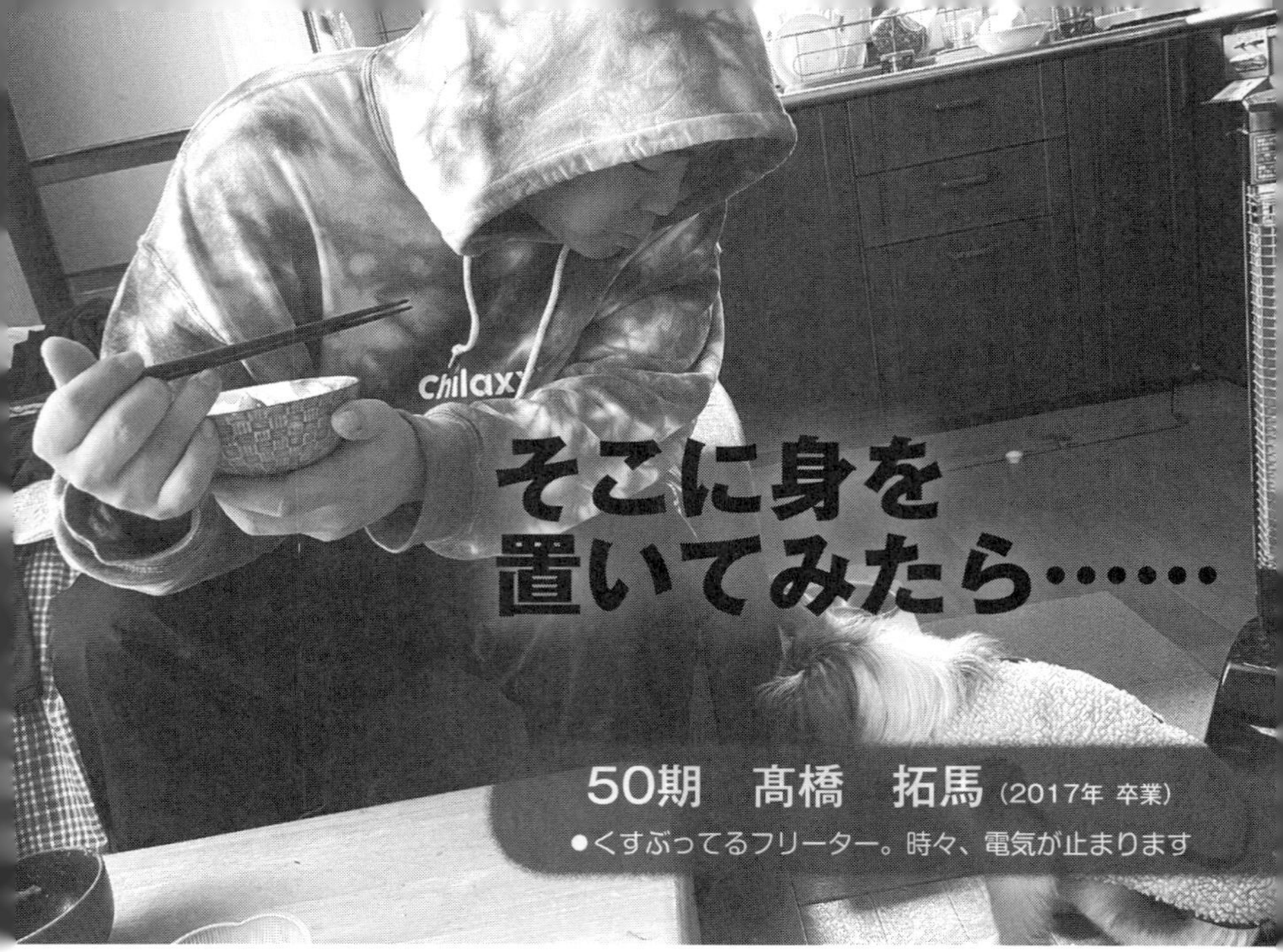

そこに身を置いてみたら……

50期　髙橋　拓馬（2017年 卒業）

●くすぶってるフリーター。時々、電気が止まります

中途半端な自分に向き合ってくれた何人もの人たち。受け入れてくれた仲間たち。

一番大事な時に、その人たちを裏切った。しんどかった。散々怒られ「責任」と「信頼」を痛感した。

この先、この経験を生かせるだろうか。誰かの役に立てるだろうか。

まだ迷走中だけど、自分なりの答えを探していきたい。

北星に来ることになった理由

何をやっても中途半端、この時の俺はそんな感じだった。当時一七歳だった俺は普通なら高校二年生の歳だったが、在籍していた通信制高校の課題などにはまったく向き合わす、仕事を始めてはすぐにやめ、家にも帰らず適当に友達と遊んで過ごしていた。当然、当時の俺には夢もなければ、こうなりたいみたいな理想像もなく、常に楽をして生きていく方法ばかり探していた。そんなある日、母親から高校のパンフレットを渡された。「こんな高校あるけど行ってみない？」それが北星余市だった。

絶対にいやだ。当然断った。地元の友達、見慣れた街並みや環境を全て捨て、北海道に一人で行き、知らない奴らとの寮生活、ましてや次の年から入学するとなると自分だけ周りより歳が二つも上になる。考えられなかった。北星余市のことはすぐに忘れ、またいつもの日常に戻り、現場の仕事を始めてはすぐやめてフラフラしていた。一度強めに断ったはずなのに、母親は頻繁に北星への入学を俺にすすめてきてた。正直しつこいとしか思わなかった。父親にも北海道旅行だと思えばいいだろと諭され、流石に根負けして一度受験してみることにした。受験の内容は面接のみだと聞かされた。この受験に落ちてしまえばまるく収まると思った俺は面接でめちゃくちゃな態度で行ってやろうと考えた。受験当日、いくつかの質問を受けた。覚えてるいるのは「君は周りより歳が二つ上になるけど大丈夫？」俺は「大丈夫なわけないだろ」「タメ口で話されるなんて許せない」その後の質問にも悪態をつきながら面接を受けた。確実に受験に落ちたと思って満足していた。

そこに身を置いてみたら……

50期　髙橋拓馬

数日後、実家に受験の合否を知らせる手紙が届いた。中には「合格」と書かれていた。理解ができなかった。これが俺が北星余市に入学することになったいきさつだ。

余市にきてから入寮まで

合格になってしまった以上、北星に行くしかなくなった俺は三年間生活する寮を決めるためにもう一度北海道に行った。両親に「どんな寮がいい？」と聞かれたが、右も左もわからない余市の生活だったし、できるだけ学校から近い所ということ以外なにも思いつかなかった。一軒目の寮見学、インターフォンを押すと寮母さんが出迎えてくれた。「ザ・寮母」って感じの貫禄のある寮母さんだった。まだ北星への入学に完全には納得していなかった俺は不貞腐れた態度でその寮母さんに接していた。部屋や食堂など色々見学させてもらった後最後に寮母さんと話をした。「え？」「あ、はい」こんな感じのことしか話さなかった俺は寮母さんに叱られた。「そんな態度じゃ、あんた続かないよ」。今日初めて会ったばっかのおばさんのくせにと思い、ものすごく腹が立った。付き合いの年月とか関係なく「真っ直ぐぶつかってくれたんだな～」って今ならわかるが、当時の俺はその場で言い返さなかったことが偉いとすら思っていた。当然こんな寮には絶対行かないと両親に言った。

二軒目、清野下宿という寮に見学に行った。さっきのこともあったせいか苛立ちが残ったまま寮のインターフォンを押した。出迎えてくれた寮母さんはものすごく優しい笑顔で迎えてくれた。しかも綺麗な人だった。俺はその場で「ここにしたいです」と言った。寮生活へのこだわりもなかった俺は一軒目の寮見学と比べて「優しそう、怒られなさそう」「こっちの方が絶対楽だし」と、またいつもの癖で適当に決めてしまった。両親が入寮に関する話をしている時も俺は上の空で、この先三年間本当にこの余市で生活していくのかと不安というより結構萎えていた。

寮が決まったのが三月で入学式は四月。「どうしよう、どうなるんだろう」と考えているうちにあっという間に入寮の日がきた。寮に着いた俺は寮母さんに挨拶をして、両親と別れた。本当に一人で北海道に残ってしまった。着いたのが夕食時だったため夜ご飯のカレーが準備されていた。「お腹空いてるなら食べちゃいなさい」寮母さんがそう言ってくれた。食堂に向かうと髭面でネックレスやピアスなどジャラジャラ着けていて、どうみても二〇歳は超えていそうな奴がカレーを食べていた。元々ダブりも多い学校とは聞いていたが、ここまでかとびっくりした。「タクマです。今日からよろしくお願いします」こんな怖い奴には嫌われたくないと元気よく挨拶した。その髭面は「新入生じゃん！　よろしく！　何歳？」と聞いてきた。すごい距離の詰めかたでびっくりもしたけど正直明るく話してくれて助かった。「今年一七で来年一八の歳です」そう答えるとその髭面は「俺の一個上じゃ〜ん」と笑いながら返してきた。もはやおじさんにすら見える奴が自分より歳下だったことにものすごく驚いた。北星では年齢よりも学年、年上年下関係なく先輩は先輩、後輩は後輩という風潮があると聞いていた俺は抵抗はあったが「そうなんですね」と答えた。「いいよ、敬語なんて使わないで」その髭面はそう言ってくれた。そうしているうちに、俺以外の新入生や他の先輩方が続々とやってきた。後から知ったことだけどこの清野下宿は北星で一番生徒が多く暮らしている寮だった。元々一人っ子だった俺は一〇人以上でご飯を食べることなんて初めてで、なんかワクワクしたのを今でも覚えている。寮のみんなでカレーを食べていると、寮母さんがみんなで自己紹介をしようと言ってくれた。「え〜おばちゃん、今ですか〜」「おばちゃん、カレー食ってからでいいですか？」みんな寮母さんのことをおばちゃんと呼び、本当の母親かのように接していた。そうして自己紹介を終えて部屋に戻るとさっきの髭面が部屋に突然入ってきた。「一人でいないでみんなで話そうぜ」と誘ってくれた。突然兄弟がたくさん増えた感じがして嬉しかった。

入学式から一年研修

入学式、これから三年間の高校生活が始まるのかと珍しく緊張していた。入学式の終盤、生徒会の先輩方が壇上で挨拶をした。生徒会執行部は三年生でメンバーの半分以上は自分と同い年なのに、なぜかすごく大人に見えた。入学式を終え一年生は各クラスに分かれ軽い説明を受けた。俺は一年C組だった。元々人と話すことに抵抗はなかった俺はクラスメイトに話しかけた。俺よりも年上の奴、現役の奴に同い年、いろんな年齢層の生徒がいた。中には留年してまた一年生なんて生徒もいた。ただ、その留年した生徒は誰より明るくて元気だった。

入学して一ヶ月、余市での生活も慣れてきた頃、朝のホームルームで担任の先生が一年研修の話をしていた。内容は泊まりでの校外学習的なものだった。生徒会の先輩方がいろんなレクリエーションを考えてくれているとのことだったが、中には一〇km強歩というものがあった。もちろん人生で一〇kmも歩いたことがない俺は絶対に無理だと思った。しかもそれは、一年研修の少し後にある強歩遠足というものの練習だと言われた。強歩遠足は最低でも三〇kmそして五〇km、最長では七〇kmと理解のできない距離だった。まだ先のことだし経験のない俺はいまいち実感のないまま話を聞いていた。そして一年研修当日、みんなでバスに乗りワイワイしながら宿舎についた。そうこうしているうちにすぐ一〇km強歩が始まった。最初はみんなで騒ぎながら歩いていたが徐々に口数が減っていった。そんな中、生徒会の先輩方は意味がわからないくらい元気で常に一年生を励まして歩いていたのを今でも覚えてる。その後は夜のレクリエーションだったが一〇㎞強歩で疲れ果ててよく覚えていない。

強歩、夏スポ

六月、とうとう強歩の日がやってきた。俺はクラスメイトと一緒に五〇㎞を選んだ。五〇㎞組は夜明け前からスタートする。七〇㎞組の二〇㎞地点が丁度学校になっているためそこで合流して歩き出す。最初はワクワクしてふざけて歩いたり歌いながら歩いたりと楽しみながら歩いていた。三〇㎞組とは銀山という所で合流する。その時点で七〇㎞組は四〇㎞、五〇㎞組は二〇㎞と一日で歩くはずのない距離を歩いているためみんな口数は少ない。そんな中三〇㎞組は元気なためそのテンションについていけず、少しムカついたのを覚えている。まだこれから三〇㎞歩くと考えたら終わる気がしなかった。道中、生徒会の先輩方は常に生徒を励ましながら少し戻って歩いたり、本当に同じ人間なのかとすら思った。ゴール地点では父母の皆さんがうどんを作って待っていてくれた。お腹は空いていたが一切食べる気は起きず、そのまま下宿に帰りすぐに寝た。次の日起きると全身筋肉痛でトイレに行くことすら大変だった。

七月には夏のスポーツ大会がある。バレーボールや卓球、他にも色々な種目があり、俺は男子バレーボールを選んだ。男子バレーボールは他の種目とは熱量が違い、みんな部活かのように練習をしていた。俺たち一年C組も朝や放課後など本当にたくさん練習をした。大会当日、先輩方のクラスは去年のスポーツ大会を経験しているためものすごく強いクラスばっかりだったが、一年C組は一年生ながら決勝戦まで勝ち上がることができた。決勝戦の相手は三年生のクラスで最後の夏スポ、初めての俺たちとは気合いが違った。二セット先取の勝負でフルセットまで持ち込んだがギリギリの所で優勝は逃してしまった。男バレの優勝は逃してしまったが、他の種目でも活躍していた一年C組は初めてのスポーツ大会で総合優勝することができた。

一年生やめかける

夏スポも終わり、普段通りの生活が続いてた。ある時SNSを見ていると、地元の友達が車の免許を取り、車に乗っていたり、仕事をして独立するなどいろいろな投稿を目にした。ものすごい差を感じてしまった。みんなはお金を稼いで自立した生活をしている中、自分は毎朝学校に行き勉強している。こんなことやっている場合ではないと思った。それから数日後、小樽の居酒屋でお酒を飲んだことが学校にバレて謹慎に入ることになった。北星の謹慎には二種類あり、寮ではなく自宅に戻って謹慎期間を過ごすものと、謹慎の館と呼ばれる牧場や農家で謹慎期間を過ごすものがある。俺は自宅謹慎になった。正直チャンスだと思った。

そこに身を置いてみたら……

50期　髙橋拓馬

このままなんとか両親を説得して学校をやめ、俺も働こうと考えた。俺は頑なに北海道に戻ることを拒否した。それから数日後、八王子で学校説明会をしていた先生二人と、担任の先生が俺の説得に来た。正直行きたくなかったが、担任の先生は俺だけのために北海道から東京まで来てくれた。生徒一人のためにそこまでするかと思った。その日は、本当に戻る気はないとなんとか押し通した。ならもう一度だけ北海道で話をしようと言われた。あと一回なんとか凌げばやめられると思って了承した。北海道での話し合いの日、先生の他に寮で一緒だった友達たちも来てくれた。寮で一番仲の良かった奴に二人で話そうと外に呼ばれた。殴られた。小樽の外で揉み合いになった。ここから先は正直あんまり覚えていないけど、俺一人のためにこれほどの人達が真剣に向き合ってくれてるのかと思って俺の方が折れた。俺は北星に戻ることにした。謹慎の館で謹慎に入り直し、謹慎期間を終え登校した日、教室に行くとみんなが出迎えてくれた。うまく例えるのは難しいけどめっちゃあたたかい所なんだと俺は思った。

一年生終わり

自分たちで教室や出店を装飾して、店をみんなで作っていく学園祭が終わると北海道の冬が来る。テレビでしか見たことのない量の雪が降り、一晩であたり一面真っ白になる。最初は感動したものの一週間もするとそれも慣れてしまい、あまりの雪の多さに苛つきすら覚える。最初の一年目で北海道の冬に慣れることはなかった。

先輩の卒業式

三月の初めになると卒業式。三年生にとっては余市で暮らす最後の日になる。北星の卒業式はまるで成人式のようにみんな華やかな格好で出席してくる。お世話になった先輩方と今日で最後だというのはわかっていたが、毎日一緒にいたせいかあまり実感がないまま卒業式を迎えた。始まる前から泣いてる一年生や二年生は大勢いた。実感のないまま卒業式を終えて下宿に帰ると、卒業生の先輩は荷物をまとめて下宿を出る準備をしていた。長期休みに入る前のような感じで（注：寮・下宿も長期休暇中は閉じるので、寮下宿生は帰省するか住み込みのアルバイト先で過ごすことになる）まだいまいち実感がないまま見送った。その日の夜、いつも騒がしかった下宿が静かに感じた。先輩たちはもう帰ってこないんだと思うと寂しくなってようやく実感が湧いた。

二年生

四月。俺も二年生になり後輩を持つようになった。四月になってもまだ所々雪が残っていたけど、もうその頃にはこんなもんかとかなり余市での生活に慣れていた。二年生になると基本的に一年生でやってきたことをそのまま後輩に教えながら生活していく。北星余市では生徒会が前期と後期で分かれていて、一年生が入学してくるタイミングは三年生がやる前期、一年の後半では後期生徒会といって二年生が担当する。同じ学年のみんなが生徒会としていろんな企画をしているのを見て、俺も三年の前期は生徒会をやってみようと思った。なんだか二年生はあっという間に終わった感じがした。

三年生

とうとう余市での最後の一年、そしてなにをしていてもみんなから見本としてみられる三年生になった。俺は前期の生徒会にもなることができた。初めての生徒会会議、メンバーとの顔合わせと一年研修の打ち合わせが始まった。こんなに早くからもう始めるのかと驚いた。五〇期前期の生徒会の顧問の先生は学校では魔王のようなポジションの先生だった。まず折れることはなく、正しいと思った方向に生徒と一緒に進んでいくような先生だ。生徒からの好き嫌いはハッキリ分かれる先生だったし、俺からしてもかなりめんどくさいと思ってたけど、なにより優先して生徒と向き合い、その時その生徒に必要なことをハッキリいう先生だった。そんな先生が生徒会の顧問、察しの通りかなり長引く会議が多かった。一年研修の会議中、俺は大半がやれば楽しいだろうという案を沢山出した。一般的な学校ならそれでいいんだろうが、北星余市の生徒会は違った。九九％の生徒が楽しいと思っても一％の生徒がその企画によって辛い思いをするのであればそれはできない。初めの頃はその考えによってつまらなくなるんじゃないかと少し不服だった。でも様々な企画をやっていくうちに、元気な生徒はわりかしどんな場面でも楽しみ方を知っているんだということに気がついた。それよりも過去にコンプレックスがある生徒達に楽しんでもらえることの方が大事だということも学んだ。一年研修や強歩遠足、夏のスポーツ大会など、学校行事の九割は生徒会が運営していた。

そして学園祭、前期生徒会として最後の行事だ。これは夏休み前から会議で話し合いをしていた。夏休み、俺は毎年千葉県の民宿に住み込みのアルバイトに行っていた。そこでは毎晩仕事終わりにみんなでお酒を飲んでいた。もちろん校則では禁止されているし謹慎事項の一つ。でも夏休みだしバレるはずはないと生徒会という責任も忘れ毎晩晩酌していた。

夏休みも明け、本格的に学園祭の準備が始まった。各クラスが店の準備をしている中それと並行して生徒会も中庭にステージを作ったり、担当のクラスの見回りや自分のクラスの手伝い、夜には生徒会会議とブラック企業のように仕事があった。でもなぜかその時は辛いとは思わなかった。ある日の朝、ホームルームの時、先生に呼ばれた。北星余市も三年目の中

そこに身を置いてみたら……

50期　髙橋拓馬

盤ともなると察しはついた。謹慎に入る時の呼ばれ方だった。夏休みのことがバレたんだとすぐにわかった。北星では謹慎事項がバレてしまうとまず言い逃れはできないし、全生徒の見本であるべき生徒会のメンバーが学園祭の期間謹慎になるというのはありえないことだった。俺は生徒会の副会長をしていた。その時の謹慎メンバーは俺だけではなく、会長も一緒だった。頭が真っ白になった。このまま逃げだしてやめてしまおうかと思うほどだった。どんな顔をして戻ればいいのかもわからなかった。それほどまでに生徒会というのは責任のある役割だった。謹慎期間、やりかけのステージ作りやクラスの出し物、数ヶ月前から練っていた生徒会の企画など、全てに参加できない。本当に辛かった。

謹慎期間が明けると生徒会会議室にはメンバーのみんなが待っていた。励ましの言葉はなく、怒りをそのままにぶつけられた。励まされるより一〇〇倍よかったけど「ごめん」これ以外の言葉は出てこなかった。どう反省すればいいのかすらわからなかった。すぐに見透かされ、それもまた怒られた。こんな状態で全校生徒の前で謝っても誰にも伝わらないと言われてしまった。「全員が同じ足並みじゃないと意味がない」これが五〇期生徒会の考えだった。散々怒られたあとはみんながアドバイスをくれた。

なんとか話もまとまり全校生徒の前で謝罪し、この一件は終わった。

今回の事で俺は、「責任」「信頼」この二つがいかに大切な事なのかを知った。しんどかったし辛かったけど、それ以上に俺の帰りを待ってる生徒会のみんなや顧問の先生の方がやるせない気持ちや怒りがあったと思う。この一件が終わって俺は自分より他人を考えることもできるようになった気がする。それともう一つは一人じゃ何もできない事、うわべだけじゃなくて正直にぶつかってくれる仲間の大切さを知れた。この仲間の存在を知れたのは北星だったからだと思う。

学園祭も終わるといよいよ前期生徒会は後期の二年生に引き継ぐわけだが、最後に挨拶をする。「俺はこの生徒会を通してみんなを先導していっていると思っていたが、一番人として成長できたのは俺自身だと思う。俺なりにではあるが、この人にはここまで言えるなど、線引きもできるようになったし、物事を客観視できるようにもなった」。生徒会執行部では楽しいよりも忙しい思い出の方が圧倒的に多いが、俺は本当にやってよかったと思った。

それから卒業式までは本当にあっという間だった。アホみたく降り積もってる雪もなんだか名残惜しく思った。卒業式当日、始まる前から下宿の後輩達は泣いてくれていた。俺は一年生の時と同様全く実感がなかった。卒業式も終えて三年間お世話になった下宿を出る時、少し泣きそうになった。後輩やおばちゃん達に見送られて余市の町を出た。

そこに身を置いてみたら……

50期　髙橋拓馬

今現在

　俺は卒業してから八年目になる。まだまだうまくいかないとこばかりだが、北星での三年間を教訓にこれからも頑張っていこうと思う。今は何か人の役にたつ仕事をしたいと考えている。なんでこう思ったかは正直うまく説明できない。根拠のない自信といえばそれまでだが、やっぱり人と深く関わることに向いていると思う。この八年間なにをしてきたかと言われると特に思い浮かばない。この文を書いている時、八年前の記憶から書いているわけだが、一年生の時から三年生まで、この文字数ではとても書ききれないほど鮮明に思い出すことができる。俺にとって北星はそれほどまでに濃厚で大切な三年間だったんだ。

speech

始まりは0（ゼロ）

卒業生代表　五〇期　**小林　昆鞍**

昼夜逆転の生活を繰り返していた。ある日、家に一通の手紙が届いた。オカンがその手紙を見て深く落ち込んでいたので見てみると、やはり家庭裁判所からの出頭命令だった。毎日、寝る前は、いつ逮捕されてもおかしくないと思い、緊張と嫌な汗を流して寝床についていたので、あまり驚きはしなかった。そして、出頭の日は、アホやからお洒落をして行ったのを覚えている。家庭裁判所に着いてすぐに言われたのが「今から鑑別所行こか」。その後の少年院も確定していた。でも、家庭裁判所の審判は後日だったので少し時間が空いた。

そして、家に帰るとオカンがたまたまTSUTAYAで借りてきていた『ヤンキー母校に帰る』というドラマのDVDをオカンと見た。DVDを見て、オカンがこう言ったのを覚えている。「この学校行こ」「家裁にこの学校に行かせる、て言う」。僕は、「まぁ少年院より北星余市に行って、シャバにおる方がまだマシやな」と思い、北海道に行くことを決めた。審判の日、あまり覚えていないが、オカンの推薦どおり北星余市に行く上で、三年前から続いていた保護観察も変わらずにつくということで判決がくだされた。その時、僕は「このまま北海道行かんでも大丈夫やろ」と思っていて、ラッキーという気持ちだった。今思えば、ほんまにアホやと思う。そして、「もし北海道に行っても、いじめられてやめたらええんか」とアホな考えを持ち、出発の日を迎えた。

オカンと言い合いをしながら着いたみなと下宿。これから三年間……なんているつもりもなかった。覚えている、初めて喋った相手は守屋。俺が「よろしくお願いします」と言うと、初めて会った俺に対して「よろしく」の一言。初めて本物のゲーマーを見た。入学式、色んな奴らがおることは分かってたけど、一八歳で入学したから、ほとんど二歳年下やと見下していた。少し緊張して教室に入り、一番前の真ん中の席につくと、一人のチビが突然話しかけて来た。彼は僕の薬指の指輪を見て、「これからよろしくね。何、結婚してんの?」と聞いてきた。長田宥也だ。彼が二一歳だということを後に聞いて、心底驚いたのを覚えている。そして入学式が終わり、帰る時に「これからよろしくお願いします」と言って来たのが達矢だ。

下宿では、年の近い三年生と気が合って仲良くなり、大富豪で負けた僕は次の日、三年生の朝のホームルーム中に「俺がびあんだっ」と叫ぶ罰ゲームをやって、みなとの三年生と僕がいっせいに指導室に入れられた。そして一年研修くらいでやっとクラスの大体のメンバーとも打ち解け、学校生活を案外楽しいと思い始めたのはこの頃くらいからだ。

クラスの中、いや、北星余市にはたくさんの人がいることが分かった。昔いじめられてた奴、不登校の奴、家庭の事情が大変な奴、アホやけどおもろい奴、二〇歳を過ぎているのに諦めず前向きな奴。そんなみんなを見ていて、「この学校を辞めよ」とか二歳年下とか、くだらんことを考えてる自分が情けなくなった。

一学期の終わり頃、初めての謹慎に入った。謹慎に入る前は毎日のように先生たちと言い合いをして、罵声をあびせ、指導室に入れられていた。無論、初めての謹慎は暴言だ。僕に「お前の家、燃やしたる」と言われたことは、物忘れの激しい担任の肇も一生忘れないだろう。

そして一〇月九日、余市で初めて迎えた誕生日。いつもどおり学校に行くと、拓馬と達矢たちから腕時計とケーキをプレゼントされた。ほんまに嬉しかった。その後の二年、三年の誕生日も形は違えど祝ってもらった。一年の文化祭や、この誕生日の時に思ったことがある。一年C組で良かった。毎日が笑顔で溢れていた。

二年になってクラス替え。またC組だった。二年になってすぐ、一番仲の良かった友達が退学になった。その時、こいつの分まで頑張らなあかんと思い、逆に刺激され、一度辞めた奴はもう二度と同じ代には帰ってこおへんのやと知り、自分のことをもう一度考えさせられた。

そこから後期生徒会になるまではあまり覚えていない。僕がなぜ生徒会に立候補したかというと、四八期の生徒会長と共に曲を作った時、色んな話をして四八期の生徒会長が僕の憧れになったからだ。そして、無事、立候補した生徒会長の職をいただき、すぐに直面した壁がある。それは廃校問題。最初は「マジか」ぐらいの軽い受け取り方だったが、時間が経つにつれ、「廃校させたくない」「今、自分が廃校問題に取り組んでいかな誰がやんねん」と思うようになり、『始まりは0（ゼロ）』を書きだした。自分で決めたことだが、この時の生活はとても大変だった。毎日、朝の挨拶運動で始まり、授業を受け、休み時間はＰＶの撮影。放課後は生徒会の会議や取材を受け、下宿に帰れば曲を書くかPVの制作。寝るのは平均三時は過ぎ、一日が二四時間では足らないとさえ思った。この時は本当に頭が真っ白で、無心で動いていた。その時、気付いたことがある。心と体もボロボロで爆発寸前だったが、誰にも相談できる相手がいない、ということ。でもそれも、実は弱音を吐くことはださいことやと思っていた僕が一切、誰にも相談しなかったからだ。そして前期生徒会はやめようと思っていたが、「俺がやらな誰がやんねん」と勝手な思い込みで立候補し信任。

三年になってまず初めに感じたことは、重み……。自分より上の期がいない、自分たちが学んだことを新しい一年生に伝えなきゃいけない。頼る相手も見えていない。そんな重みを自分一人に感じでいた。一日が長い。卒業していった先輩たちがよく言う言葉がある。「三年生になったら一年があっという間やで……」と。嘘やと思った。今やから言うけど、しんどくてしんどくて、たまらんかった。リラックスできる時間はないに等しかった。そこに新しく生徒会顧問になった本間涼子。毎日会議では言い合い。

今やから分かることやけど、自分の考えが全然通らへんくてストレスが溜まっていく。後期の時と全然ちゃう。でも、自分で立候補したことやから踏ん張るしかない。三年の一学期はマジでクタクタやった。でも、一つだけ嬉しいことがあった。それは、一年生が段々と学校に馴染んでいき変わっていく姿だ。おそらく、ずっと変わってなかったんは俺だけなんやろうなと思う。三年になり、むしろ落ちていく自分の姿が嫌で、寝るにも寝れなかった。

そして文化祭前、生徒会長でありながら謹慎に入り、全校生にものすごい迷惑をかけ、みんなを裏切った。謹慎中に考えていたことがある。それは生徒会を途中で辞めようということ。俺にはやる資格がない、そう思って謹慎が明け、生徒会で僕の謹慎について話し合いが始まった。すぐに「何考えてたんやろ」と思わされた。僕が謹慎に入って裏切り、文化祭というクソ忙しい時に迷惑をかけたにも関わらず、みんなに言われたのが「一人で抱え込んでいる毘鞍に気付いていて、何もサポートしてやれんかった」。中には「もう一緒に生徒会をしたくない」と言う奴もいた。北星に来て、初めて人の本音を感じ取れた。ほんま情けない。「なんで俺は自分のしたことにすら向き合えてないねん、なんで裏切ったことにすら気付いていないねん」と思わされ、自分から人を遠ざけていたことや、地元と北星を分けて接していたことに気付かされた。ずっと言っていたスローガン「信頼」。その時、生徒会のみんなや本間涼子に対して、初めて本当の信頼というのを教わり、今までの僕はただかっこつけて、気を張り過ぎてたんやとも気付かされた。

そしてクラスのみんなも、迷惑かけた僕に不満だらけやったと思うけど、そんな僕を笑顔で出迎えてくれた。マジで三Cで良かったと思った。

その後、自分の意識からまずは変えようと思い、生徒会の作業も今までより積極的に取り組み、放課後の暇な時間はたくさんの人と接するようになり、僕自身、分からないが「顔つきが変わったね」とよく言われるようになった。そして生徒会の任期も終わり、五一期生徒会にバトンタッチをした。

そこから今日という卒業の日までは、卒業生によく言われた、あっという間の日々やった。そ

speech

して日々の当たり前の学校生活の中でこう思うようになる。「もっと放課後にみんなとミニスポとか生徒会企画をやって楽しみたい」、むしろ「このまま時間が止まってくれ」と。三年間の最初がどうであれ、最後にこんな気持ちにさせてもらえた僕の高校生活はものすごい幸せです。

思い直せば、趣味のラップを最初は守屋の五百円のマイクで始め、その後、僕が二年になって入学してきたテツと二人三脚でレコーディングしてPVを制作した日々。僕に色んなアドバイスをしてくれた河野さん、下宿一うまい弁当を作ってくれるおばちゃん、心優しい担任の学と、俺らを受けとめ押し出してくれた他の先生たち。掃除のおばちゃん、川添さん、俺はあんまりお菓子は買わんかったけど売店のおばちゃん。そしてオカン、じーさん、ばーさん。最後に四八期、四九期、五一期、五二期、そして五〇期のみんなへ。こんな最高な三年間を当たり前の日常と思わせてくれたことにありがとう。

最後に、在校生、卒業生に言いたいことがひとつあります。

「人の世界を夜空に例えるなら、北星余市はひとつの小さな星です。友達や家族もそうです。そんな小さくても光り輝く星をこれからもたくさん見つけて、満天の星にしてください」

二〇一七年 三月四日

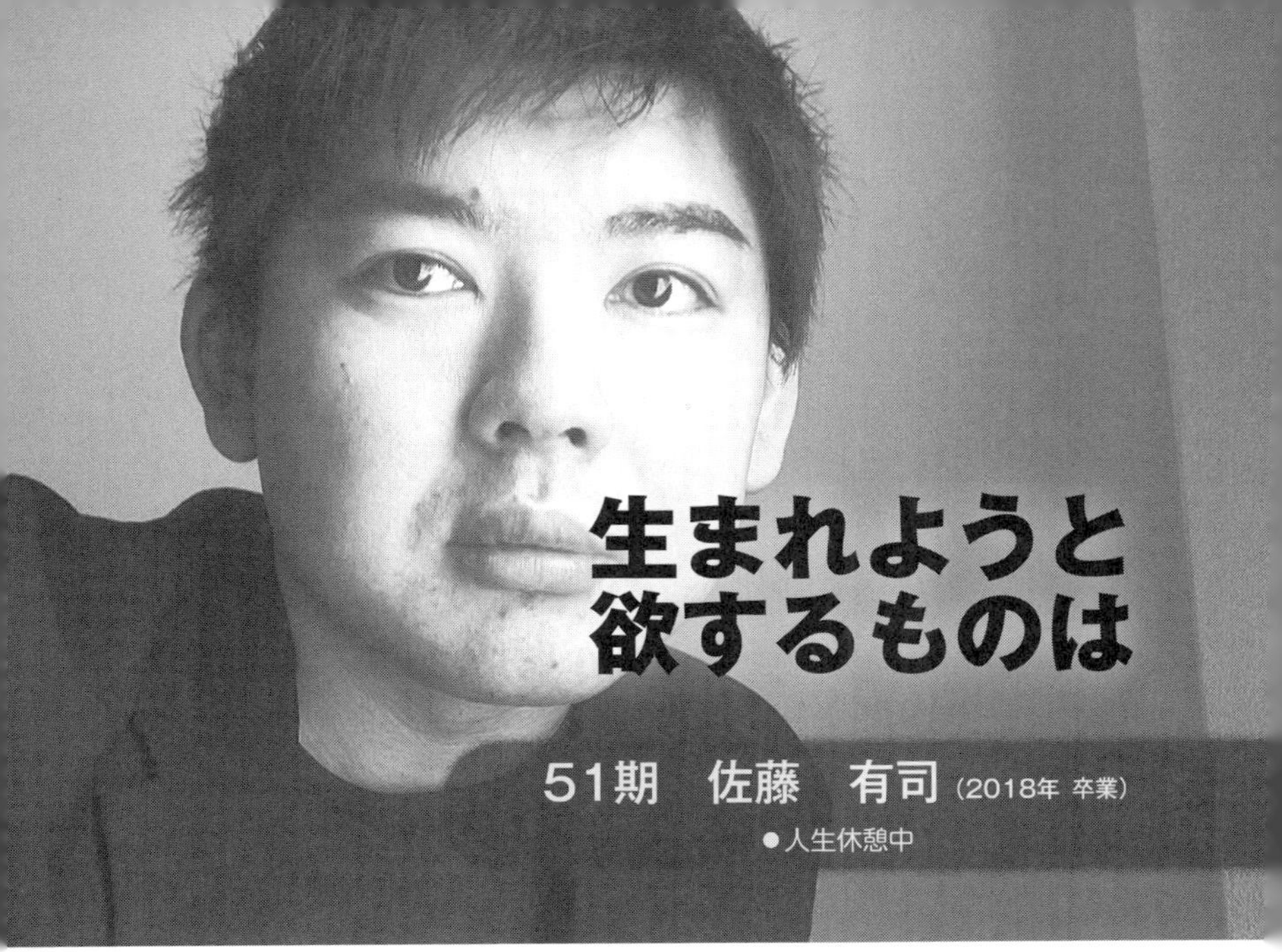

生まれようと欲するものは

51期　佐藤　有司（2018年 卒業）
●人生休憩中

社会の歪みに埋もれそうになっていた自分が、辿り着いた北星余市。垣根のない空気の中で、初めて経験する人との関わり。「ここにいていいんだ」と思えた自分の居場所。探し続けてきた言葉を、誰かに伝えたい。

はじめに

「物理的に閉じ込められていたわけではないのなら、助けを求めることも、逃げ出すこともできたのではないか？」

こう言葉を返されるたびに、それ以上伝えることを諦め口をつぐんできた。

助けを求めることはした。それでも逃げ出すことはできなかった。

それは一つの「世界」だった。

自分が北星に在学した期間は二〇一五年の四月から、二〇一八年の三月で、期としては五一期。

よく（教育相談会[※]などの）自己紹介では、出身は青森県で、小学校の五年生（一〇歳）から二五歳になるまで約一五年引きこもっていた、と話していた。

事実ではあるのだが、ただ「引きこもり」という言葉だけでは言い表せない体験と思いを長い間抱えていたし、深い部分は限られた人間にしか話せなかった。

ここでは、その話を中心に書こうと思う。

この瞬間にも、未だに何をどこまで、そして、そもそも書くべきことなのか、と悩む。

それでも、今を逃せば、自分は死ぬまで書き始めることができない予感がある。

このような機会をいただいたことに、感謝します。

※北星余市高校では、全国各地で教育相談会を行っている

幼少期

一九九四年。小学校の入学前、突然両親が離婚した。

母親に引き取られ祖母の家に移ったため、それまでの生活、友人関係はあっさりと消えてしまった。

そして、この頃から母親が精神的に不安定になり、登校と親が同行する以外の外出を一切禁止された。

何かしらの経験から、極端に「子どもを守る」という思いに駆られ、それらを含めた様々な言動がなされたのは今の自分にはわかるが、当時の自分は、理解も抵抗もできなかった。

小学校の思い出は、放課後どこにいくあてもなく、親の仕事が終わり、迎えが来るまでの間、学校の前庭で待っていた冬の日々だ。

一人一人帰っていく友達を、帰ってほしくなくて、限界まで引き止めようとしてはしゃぎ、靴の中を水浸しにした。足の感覚はなくなる。空もすぐに暗くなる。家々の明かりが点々とつく。なぜ自分はあのような光の中にいないのか。近づいてくる車の光が見えるたび、親かもしれないと思う。一八時や一九時まで待つことは普通。遅いときはもっと。帰宅し夕食。入浴すればもう意識は朦朧としている。寝て起きれば毎朝の腹痛。車の中で酔いながら宿題。点数が低くて怒られる。学校に行けば友達からは「いつ遊べるの？」「今度」「前もそうじゃん」

生まれようと欲するものは

51期　佐藤有司

このような日々の中で、次第に「学校に行かない」という行為によってしか、自分の家庭環境に持っている苦しみを、まわりに訴えられる手段が無くなっていった。小五の頃だ。

しかし親、そして周りからすれば「引きこもり」という状態が問題なのであって、そのような行動に至る原因や経緯には興味がないことを知るだけだった。

自分は、学校に行きたくなかったのではなく、一人で自由に出かけ、友達と遊び、買い物に行く、そういう普通の日々を送りたかった。それは学校にいくこと（表面上の引きこもりを解決すること）によって解決するわけではなかった。

当時の自分を支配していたのは、親や周りに、自分の苦しみが伝わらないという強烈な「無力感」だった。

それでもいつか、この異様な環境から、誰かが助けてくれる、と思っていた。

しかし、この手段は自分の場合、逆効果になった。

助けなど、それから一五年来なかった。

引きこもってから

「外に出ていい」という約束で中学は一ヶ月だけ行った。しかし生活は何も変わらない。すぐにまた引きこもった。

家にたびたび来ていた親戚には、親とその関係、家庭の状況を第三者に伝えてほしい、と言っていたが、無視され続けた。

二〇〇七年、祖母が火傷を負った。仏壇の蝋燭の火が袖から燃え移った。うめき声を聞き駆けつけ必死で叩き消した。祖母が母と共に救急車で病院に向かった後、自分は数日その場に取り残された。祖母は一命を取り留めたけれど、長い入院生活に入った。

優先されるべきは祖母だったけれども、自分もその出来事の精神的なケアを求めていた。しかし、それは後回しにされた末、次第に「なかったこと」になった。

ならば、今苦しんでいる自分はなんなのだろう？　と思った。

昔から、「自他境界」が曖昧であった母親の言動から、必要以上に、母親の苦しみを、自分の苦しみのように感じるようになっていた。

そして母親が認める部分が自分であり、それ以外の自分は「間違っている」「存在しない」ように振る舞った（それを求められた）。それに可能な限り抵抗をしないことが自分の身や心を守る方法だった。

しかし、そのやり方は限界に近づいていた。

母親が認めず否定する「反発する自分」こそ、「自我」だと気づき始めていたし、ここで

生まれようと欲するものは

51期　佐藤有司

強く心理的な抵抗をしなければ、自分の人生（自我）を、自分自身で「なかった」ことにしてしまうという恐怖に襲われた。

そして「この体験を誰かに伝えるまで、絶対に死ぬわけにはいかない」と思うようになった。

そこで縋ったのは「言葉」だった。

まず本を読み始めた。読書の記録が日記に、それが自分の心のうちを吐き出し、言語化するための行動になった。論理的な世界観を借りながら、自分の世界観を少しずつ作り、母親の「自他境界」が曖昧な言動、そして信じられるのは自分達だけだ、という世界観から心を守った。

しかし、頭（理屈）では理解し反論しても、閉鎖的な環境ではその大きな感情に飲み込まれかけ、抵抗できないという状態が続いた。

数年後、祖母が亡くなった。大きな支えを失った母親の心は孤独から限界に向かっていたのだろう。ある日、母が警察へ「自分達を助けてほしい」と通報した。

駆けつけた警官から保健所の職員を呼びたいから君の許可が欲しい、と言われ、承諾した。

そして、やってきた人々に助け出された。

「これで助かった」と思った。自分も母親も。何もかもいっぺんに救われることはなくても、ここから良くなるはず、と信じた。

しかし保健所で必死に説明を終えた後、何もなかったかのように、その日のうちに家に返された。一瞬にして生活はもとに戻った。信じられなかった。

そのすぐ後、母親までも脳梗塞になり入院した。一時は危篤にさえなった。

家中を探し、父親へたどり着く連絡先を見つけ、連絡をとった。離婚して以来、初めて父親と話した。「母親が死んでしまうかもしれない」「会ってほしい」返って来たのは「すでに家庭がある」――こちらには来れない。

ある親戚からは毎夜、酔っ払って「お前のせいだ」と罵倒する電話がかかってきた。

涙は枯れていたと思っていたが、いつまでも出てきた。

自分がなぜ泣いているのかも分からなくなっていた。

食糧も灯油も尽き、その年の末、保健所に助け出された。

髪は腰まで伸びていた。

そんな自分をある親戚が受け入れてくれ、そこで数ヶ月居候した。

二五歳。生まれて初めて「一人」で買い物をした。コンビニでノートとシャーペン、消しゴム（ここでも書くことが自分を救った）、自分とお世話になっていた親戚のおばさん用の肉まんも二つ。

そして、北星の元教員、安達敏子氏が運営していた北海道にある施設「ビバハウス」の情報。ここに行きたいと思い、連絡をした。

最初、管轄外であることを理由に最初は難色を示していた地元の保健所も、安達尚夫先生の言葉で動いてくれた（らしい）。

地元から離れたかった。

自分が小学校の時から、教育委員会でずっと問題になっていたこと。

家庭の事情を深く知っていた親戚が、警察にも保健所にも説明を一切拒否したこと。

こうなるまで助けてもらえなかった、という思いはどうしても消えなかった。

入所のための検査のあと、今はもうない、青森からの寝台列車で北海道へ向かった。

ビバハウス

二〇一四年の春、辿り着いたそこは、きれいな丘の上だった。

ここで一番の親友と、すぐ後から入ってきた当時の職員であった髙崎さんと出会った。

自然の中、彼らと先生たちの力を借りながら、農作業をして生活した。休みの日は本を読み、友人たちと映画を見た。ネットにも初めて触れ、料理を覚え、自転車にも乗れるようになった。

これが人間の生活か、と思った。

何より、よく笑えるようになった（笑わせてくれた）。ただ時はすぐに過ぎた。ビバを卒業後は就職か、と考えていた時、敏子先生に強引に連れられ、北星を見学することになった。

正直、話から怖い場所だと思っていたが、いざ行ってみると、大きな衝撃を受けた。それは、職員室で見た、教員と生徒の距離感だった。尊重され、なにものにも脅かされていない生徒の顔、教員をあだ名で呼ぶ声。それが一部の生徒と教師の間ではなく、この学校のいたるところにあった。

久しぶりに親に連絡を取り、どうしてもここに行きたいと話した。行くのなら大学卒業までなら支援はする、と言われ、即決した。

北星

二十六歳（当時最年長）で入学して年齢の差は感じなかったのか、とよく問われるけれども、自分はせいぜい少し年上の感覚だった。それでも、何か自分に自覚していない、人として決定的な欠落や問題があり、それがこの新しい環境で曝け出されるかもしれない、そして

生まれようと欲するものは

51期　佐藤有司

過去の話をすれば、人は離れていくのでは、という恐怖があった。それでも、失った時間を取り戻したい、そして、この過去を吐き出したいと切実に思ってもいた。

そんな悩みの中、下宿に引っ越した当日、先輩たちが部屋を訪ねてきた。

「二十六歳の人ーっ？」。

自分よりも若い生徒たちが、みな不安を抱えここにきているのに、自分に声までかけてくれる。そう思うと、逆に彼らに尊敬の念すら湧いた

そして高校生活が始まった。

まずは、先輩、そして生徒会の存在が大きかった。入学式から一年研修、強歩から学祭までサポートしてくれた。この人たちが一・二学年しか違わないことに驚いた。

そして、その行事のたびに、クラスや学年を越えて、人間関係が広がっていった。

朝、下宿のおばさんに見送られ、学校に行く。友達と関わり、勉強をし、幼稚さを晒して恋愛に悩んだ（当時の相手は今も関わってくれている）。すぐに帰っていた放課後も次第に居残り友達と話すようになった。コンビニに寄って下宿に帰る。夕食を食べ、入浴。電話をしながら、明日へ、自分の存在の不安を抱えず眠りにつく。明日を楽しみにして。

気づけば、失われ、もう取り戻せないと思っていた日々を送っていた。

そして、あの職員室にもよく出入りするようになり、そのうち、ソファでうたた寝までするようになった（よく注意されたが）。

振り返ってみれば、北星の環境ほど自分が「守られている」と感じた場所はない。地元から離れたとはいえ、母親が事前の連絡なく余市に突然訪ねてくる、ということが何度もあった。それでも自分の人間関係は、生活は、もう余市にある、ということが何度も自分を強く保った。

これは、さまざまな形で、何度も過去へ引き戻されそうになる人間にとって、とても切実なことだ。

家庭の問題も、非行も引きこもりも基本的には「社会」の「構造」が生み出すが、それを引き受け解決に繋げるのも、本来は「社会」であるはずだ。しかし、それは時代や場所、政治によって機能しなくなることがある。

逆に、弱者やレールから外れた人間を引き受けるどころか、「なかった」ものにさえしてしまう。

北星も教員も、生徒が抱える問題を直接に解決するわけではない。

それでも、ここに来る子どもたちの苦しみや問題を、限りなく「社会」が解決しなければ

生まれようと欲するものは

51期　佐藤有司

ならないものとして受け入れ、向き合う。

一般的な教員が抱えるべき問題の領域はおそらく超えている。

ただ、そんな姿を、子どもたちは見、それが信頼につながる。

それは二年目、生徒会の一人になった後の活動の中で、より感じるようになった。

そして、北星単体ではなく、下宿を含めた余市という地域社会が有機的に機能し、受け止めていることも見えてきた。

長い歴史の中で作られた、この「環境」の稀有さというものをうまく伝えるのは難しい。

それでも「守られている」ことを、ただの言葉ではなくて、自分のように感じ取ってもらうこと、それが、自分が後輩と関わる活動の根本になった。

しかし、三年目、進路を考え出したと同時に、この「守られている」という環境から自分が出ていくことへの恐れが生まれた。本間ちゃん（注：本間涼子先生）に過去を話したのもこの時期だ。

長年、北星を取材している河野啓氏が行っていた取材でも、家庭の話をこぼした。やはりどこかで聞いてもらいたい、という気持ちがあった。

卒業が近づく。残された時間でやるべきことを、と焦ったが、できることは、これまでと同じように、ここで青春を、日々を送ることだと思い直した。

そして、どうせここまできたのだ、自分を生き延びさせた文学（言葉）を学びたいと、大学に行くことに決め、足を踏み出した。

卒業後

卒業後は、関東の大学に入学し、近くで行われる教育相談会に何度も呼んでもらった。最初は教員や卒業生、後輩に会えるのが嬉しかったのだが、この場所にやってくる相談者の方々に、過去の自分を見るようになった。

さまざまな事情を抱え、このネットの情報の渦の中で、北星の相談会を選んで来た、というだけで、とても奇跡的なことだと思うのだ。その切実さに自分が何を語るべきか必死に考えた。

「一度レールを外れたら終わり」

「〇〇は何歳までにしなければ遅い」

「このままのあなたではいけない」

どこにいても、そういう情報に日々さらされる。

不安や恐怖は際限なく膨らむ。

生まれようと欲するものは

51期　佐藤有司

自分の状態が、存在が、間違っているように思えてくる。

「家庭の事情を第三者に話すなんて恥だ」

「他人なんて信用できない」

そういう価値観を内面化し、他者に助けを求められず、窒息していく。

この世に呪いというものがあるのなら、そういう言葉だろう。

それらの価値観でいえば自分の人生はとっくに「終わって」いる。

実際、そんな言葉を浴びせられたこともある。

それでは、助けられないほうがよかっただろうか？

あのまま田舎の雪の中に埋もれ、自分の人生がなかったことのように、誰にも知られず跡形もなく消えていくことが？

いや。

北星での日々で、何度も生きていて良かったと思えた。

自分は、これからどこにでも行けると、人生にわくわくした。

そんな自分のような人間がいること。

やはりそれを、素直に話した。

現在まで

二〇二一年の一〇月、大学の卒論と就職活動で忙しくなり始めた時期。Ｚｏｏｍの授業中に当時の住居の隣人から威嚇的な行為を受けた。画面の向こうで聞いていた教員と他のゼミ生らに、すぐ警察を呼ぶことを勧められたが、躊躇した。それ以降の一連のトラブルから、それまでの世界観、人間観が捻じ曲がるような感覚に襲われた。性格さえ変わった。二年以上前になるが、これが今も続く致命傷になった。

怯えてまともに睡眠などとれず、いつまでも起き上がれない、食事は水道水を飲めればいい方。引っ越しができるような体力はすでになく、実家に帰る選択肢もなかった。

その中で自分を保つものは、卒論を仕上げる、ということだった。大学生活の総決算、ではなく、これまでの人生の総決算として。そして、担当教員の誠実さにも応えたかった。そうしなければ、自分の人生に何も残らない気がした。正直、その先のことなど考えていなかった。

そのために必要なことは何か。助けを求めたのが北星の教員、福田綱基（先生）だった。

「俺んとこ来てもいいぞ」というＬＩＮＥの返信を見たとき、本当に声を出して泣いた。部屋はそのままにして、リュック一つで北海道に向かった。

生まれようと欲するものは

51期　佐藤有司

綱基との関わりは、自分が在学時の三年目の一年間（と卒業してから何度か）だけれども、国語科の教員だったこともあり、よく話し、信頼していた。

綱基の家についた日から、数日、ただただ泥のように寝た。そして起きれば卒論の世界に没頭した。北星にも顔を出したけれど、正直、朦朧としていた。それでも自分がまた守られていることを感じていた。

綱基の「生きてるだけで丸儲け」というあっけらかんとした言葉と、余市での日々に、心の荷が少しずつ下りていった。

そして、当時江別にいた、同期の荒木の家にも居候になった。昔の生徒会のメンバーとも久しぶりに会い、飲んだ。

この約一ヶ月、彼らに、文字通り命を繋いでもらった。

十二月の頭に戻り、すぐに卒論を出したが、心療内科を受診すると「抑鬱状態」と診断された。

二〇二二年、それでも、這うように住居問題を関係機関に相談し、バイトを始め、引っ越しもして、なんとか大学も卒業した。

そして、春、気づけば、自分なりではあるが「自立」という形に辿り着けていた。

生きていけるかもしれない、と思った。

しかし、疲れやストレスが重なると、前の住居での体験がフラッシュバックするようになった。

それだけの理由ではなかったけれど、仕事への悪影響を恐れ、散々悩んだ末に退職した。

日々の大半が、再び苦痛で染まり始める中で、「この世界を生きていきたい」と思えることを、また見つけ出したかった。

二〇二三年、死ぬ前に自分がしたいことは、と考えた時、それは、まだ行ったことのない場所を旅することだった。北星で得た「自分はどこにでも行ける」という感覚が死ぬ前に。

そこで「夏葉社」という出版社の本を扱う本屋・古本屋を求めて、未踏の県を中心に旅することにした。この出版社の本にも、何度も救われていた。

ほぼ一年かかった。それでも、去年の末に帰ってきた時、自分はまたこの世界を生きたいと思えていた。

今

この話を書くまでに果てしない時間がかかった。

やはり、まだ書けないことも多い。

生まれようと欲するものは

51期　佐藤有司

何より、これは自分の主観的な「物語」である。

それでも、「この体験を誰かに伝えるまで、絶対に死ぬわけにはいかない」と必死に生き延びようとしていた当時の自分の手を、やっと少し掴むことができた。

自らが語ることでしか救えない自分が、自分の中にずっといたのに、その声を「なかったこと」にしようとしていた。

信じてもらえないかもしれないが、親に恨みがあるからこの文章を書いているわけではない。

親もあの苦しい時、助けられるべき人であったはずだ。ただ、そう思えるのは、閉鎖的で、感情的な応酬を防ぐ「距離」を作れたからだ。

親からは大学の卒業まで、何より自分が体調を崩してからも、多大な支援がある。感謝している。

自分は、うまく過去を語れないまま北星に入った。それでも三年間、自分には確かに居場所があった。そして、生まれようとずっと言葉を探していた。

今、話せないあなたも、いつか話せる時が来る。

自分が今やっと、書き始められたように。

生き延びて、今度はあなたの人生を聞きたい。

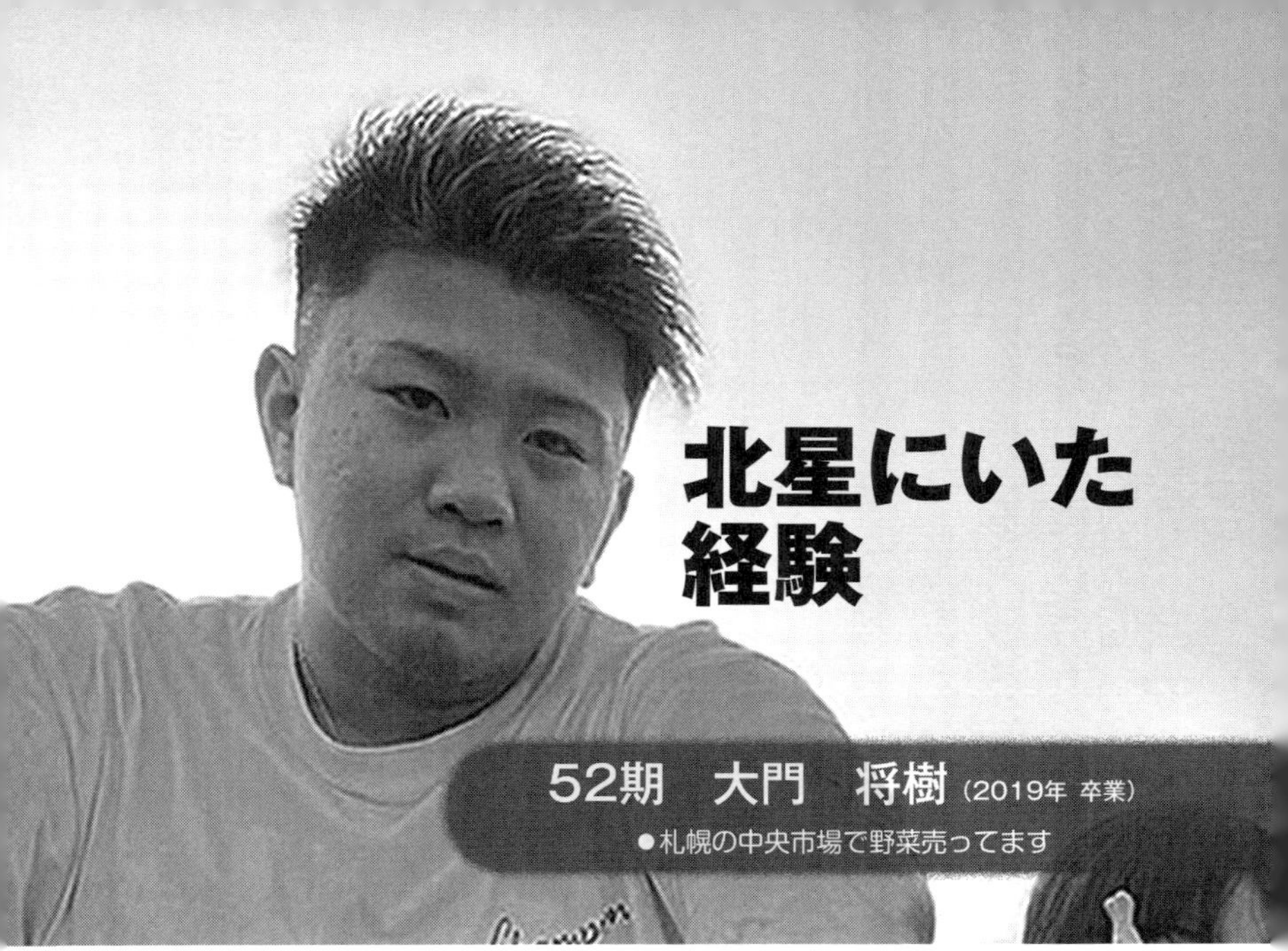

北星にいた経験

52期　大門　将樹（2019年 卒業）

●札幌の中央市場で野菜売ってます

全員が敵に見えた入学式。でも、行事の度に先輩たちのカッコ良さに惹かれていった。

何度も何度も問題を起こした。謹慎明けの自分に、クラスメイトがかけてくれた「おかえり」の言葉。

「こんなに自分を見てくれるところはない」

北星余市での経験を力に、今、踏ん張って生きている。

自分は、中学の頃から非行に走っていた。地元では、無免許運転、傷害、窃盗、飲酒、喫煙を中学から高校の途中まで繰り返していた。

何もかも分からないで入学した北星余市。入学式初日、自分が想像してた高校と印象が違った。おとなしい子や引きこもりの子が意外と多かった。もちろん、やんちゃな子たちもいた。こんな学校でうまくやれるのかと、すごく不安になった。北星の生徒先生全員が敵に見えた。

北星にいた経験

52期　大門将樹

一年の時は、学校の授業を受けるのが本当に憂鬱だった。中抜けや、授業をほったらかしにして騒いだり、自分の気に入らないことがあればすぐに帰ったりしていた。入学して一週間くらいで指導に入った。一人の生徒と、自分と仲の良かった自分も含めた四人がもめて、自分の仲間の二人が手を出したこと、その場にいた自分が止めなかったというのが指導に入った理由だ。指導中、携帯没収と指導室で長い時間待たされるのが本当に苦痛だった。担任だったきえこ（注：中村希絵子先生）の言っていることも、たいして理解しようとしないで反抗を続けていた。当時の自分は、「たったそれだけの事で……この学校は一体なんなんだ」と思っていた。その時は、話すのもめんどくさい気持ちと、早く家に帰りたい気持ち、携帯を早く返してほしい気持ちでいっぱいだった。

指導に入った生徒のうち、手を出した二人は無期謹慎となって、僕ともう一人は厳重注意で終わった。でも、僕はまったく反省していなくて、納得も何も言われていることの意味もまったく分からなかった。もともと通い（注：下宿ではなく自宅からの通学）だったから、学校で面白くないことや気に入らないことがあっても、地元の友達と遊んで気を紛らわせていた。学校に行かない日や遅刻する日もあれば、夜中まで地元の友達と遊ぶこともあって、荒れた生活を送っていた。でも、授業や先生たちが気に入らなかったり面白くなくても、学校にいる仲間たちとは徐々に仲良くなっていき、少しずつ楽しくなってきた。

初めての宿泊研修の時、自分はタバコを隠し持っていた。当時の三年生の生徒会の人たちが、出発前に「タバコを持っている人は隠さないで出してほしい」と呼び掛けていた。なんでか分からないけど、真っ先に疑われた。でも、なぜだか「隠さずに出そう」という気持ちになった。今考えると、その時の先輩たちはとてもかっこよく、何か惹かれるものがあったのだと思う。その時の先輩たちは見た目はやんちゃそうで、絶対に悪いことや反抗ばっかりしてきたように見えるのに、なんでこの人たちはこんなに学校のことに取り組んでいるんだろうと、不思議な気持ちとすごいなと思う気持ちになった。でも、宿泊研修中は先生たちの言うこともきかないで、相変わらず自分たちの好き勝手にしていた。それでも、先輩たちは必死に一年生を盛り上げたり、夜になれば寝ない僕たちを見回りに来たり、ただただ先輩たちはすごいと思った。

宿泊研修が終わり、また日常に戻った。七月に入り、今度はスポーツ大会があった。一年の時は「こんなくだらない事まであるのか」と思った。自分は男バレ（注：男子バレーボール）だった。スポーツは割と好きなほうだったからそこまで苦痛ではなかったし、普段の授業をやるよりも何倍もマシだと思いながらやっていた。その時も思ったのは、やっぱり三年生がすごかったということ。「この人たち、こんな事まで本気で取り組んでるのか。放課後まで練習したりしてすごいな」っていう気持ちもあったが、「馬鹿だな」と思うこともあった。それが、いざ当日を迎えたら、先輩たちの試合は自分たちの試合を覚えていないくらい、本格的に習っていたのかと思うくらいの迫力だった。

しばらく普通の日常が続いていたが、スポーツ大会が終わった頃には仲が良かった友達もかなり学校を辞めていき、せっかく仲良くなったのにって、少しさみしく感じた。そんな別れもあったが、新しい出会いもたくさんあった。その中でも転校してきた一人の男子生徒は、最初いきなりすごい目つきで自分に睨みをきかせてきて、「なんだ、こいつ」って思った。でも、何がきっかけだったのか覚えていないが話すようになった。話してみると意外といいやつで、同じ北海道出身で共通の知り合いがいることもわかり、めちゃくちゃ盛り上がった。その友達も含め、初期メンバー（注：入学式から一緒の仲間たち）とも仲良くなり、学校も悪くないと思い始めてきた。

そうして迎えたのが文化祭だ。初めての文化祭だったが、準備期間はほとんどクラスの手伝いとかはせず、遊んでいた。「買い出しに行く」と言って、浜でさぼったりしていた。でも、クラスの人たちが作り上げた作品や出し物はすごかった。当日も、各クラスの出し物はすごいと思った。

文化祭も終わり、日常に戻ったが、札幌から通いだった自分は、学校が楽しくなってきた一方で、通学がめんどくさくなったり、地元の人たちと遊ぶ誘惑に勝てずに朝まで遊んだり、札幌から小樽への電車で寝過ごしたり、学校に行かない日が増えていった。むしろ、どうでもよくなっていった。その時の自分は、地元の環境に甘えていたんだと思う。

学校はどうでも良かったが、学校の友達からは「学校に来てー」って電話がきたり、LINEがきて、学校の友達には会いたかった。それでも誘惑に勝てず、二週間くらい休んだ後、久々に登校したら、大勢の友達が喜んで迎えてくれた。地元の友達以外にも、こんなに仲良くできる人もいるんだなって改めて思った。

でも、すぐに問題が起きた。クラスメイトに対して、じゃれあいの中で暴言と威圧、最終的にはその相手を突き飛ばしてしまい指導に入った。その前にも何回も指導に入っていた自分は、きえこに「今回は許さないからね」と言われたが指導無視を続け、しばらくは地元で遊んでいた。本当は自分が悪いことをしていると分かっているのに、頭を下げたくないというプライドや、それに向き合いたくないという理由から指導に向き合わず、遠ざけていた。でも、学校にいた友達の顔が頭に浮かんだ。その時は、自分が変わるというより、友達と会えなくなる悲しさの方が強かった。この状況をめんどくさいと思う気持ちもあったが、時間がたち自分の気持も少し変わった。「学校に行って、ちゃんと向き合おう」と。そして指導と向き合ったが、苦痛だった。指導の結果は一〇日間の謹慎処分。決まった時間に学校から電話がきたり、めっちゃめんどくさかったけど、友達に会えなくなるよりマシだと思い、進級や卒業よりも、まずそれが最優先だった。なんとか一〇日間の謹慎を終え、久々に学校に行った。まずはみんなの前での謝罪から。内心「なんでどうでもいい奴らにまで頭を下げないといけないんだ」と思っていた。謝罪をすると、たくさんの友達に「おかえり」と言われ、普通どおりの学校生活に戻った。

冬休み明けのある日の授業の時、一番仲の良かった友達が先生ともめた。自分は授業中にもかかわらず寝ていて、起きたらその友達は教室で暴れていなくなっていた。単位もなかった友達は、そのまま退学になってしまった。それまで何人かが退学になったけれど、この時が一番悲しかったし悔しかった。自分が止めていればどうにかなったかなとか、いろいろ考え悔やんだ。同じ北海道出身だから、会えなくなることはなかったけど、一緒にバカをやったり、こいつがいるから頑張れたっていうこともあって、とっても悔しかった。

三月になり、先輩たちの卒業式。仲の良かった先輩もいたから悲しかった。この時、生徒会長の答辞を聞いて感動した。自分と似ていたからだ。それを聞いて生徒会も面白そうだ、やってみたいなと思い始めて追試を頑張った。補習や追試で春休みも一週間くらいしかなかったが、元々単位を落としていた自分は、どう頑張っても仮進級しかできなかった。

新学期の最初のテストで合格し、仮進級から二年生に進級した。クラス替えもあって、担任もきえこから今堀（注：今堀浩先生）になった。二年生になった自分は、生徒会になりたかったため、自分の生活も少しずつ変えていった。一年の時と違うのは、先生たちと話すようになったことや、放課後、余市に残ってみんなで浜で遊んだりするようになったこと。学校も悪くないなって思い始めていた。夏と冬のスポーツ大会も全力で男子バレーに取り組んだり、北星特有の強歩遠足や文化祭などの行事も全力で取り組むようになった。でも、遅刻癖や授業態度はなかなか直らなかった。夏休み明けに地元での飲酒で謹慎に入った。そんな状態での生徒会は諦めろと言われ、自分が悪いのにモチベーションも上がらず、またださない生活が続いた。それでも、担任の今堀から「修学旅行の実行委員は責任もってやれ」と

北星にいた経験

52期　大門将樹

言われた。でも、その時にはやる気もなかった自分は大した段取りもせず、会議の出ても自分は関係なし。修学旅行を楽しむことしか頭になかった。

　修学旅行はとても楽しかったけれど、それが終わって生徒会がやれなくなった自分は、また生活が荒れた。タバコで謹慎に入り、初めての謹慎の館（注：自宅ではなく余市近隣の協力してくださる農家さんなどで酪農やその他農作業などの手伝いをして過ごし、生活や行動を見直す）で早朝から牛の世話をして、課題に向き合い、本当に地獄のようだった。

　遅刻が続いていた自分に先輩が寮生活を勧めてくれた。そして、清野下宿に入った。最初の二―三日は慣れなかったけど、すぐに先輩や後輩と仲良くなって、おばちゃんもおっちゃんも彩さんも、みんな快く迎え入れてくれた。下宿生活をする中で、自分の高校生活の分岐点になった二つの出来事がある。一つは下宿の先輩たちの卒業だ。めちゃくちゃ寂しかった。もう一つは大麻事件。この時は同学年三人と後輩二人が退学、自分を含めた二人が謹慎処分となり、退学会議にかかるまでになってしまった。指導で携帯の履歴なども確認されたが、自分は現実から目を背けた。でも、昔、遊び半分に地元でやったことから、何から何まで全部ばれていた。退学になった三人とは仲が良く、どん底だった。すべてをちゃんと話して、自分についての退学会議が始まった。会議は何日もかかって、それを家で待っている間は本当につらかった。色んな人に迷惑をかけたという申し訳ない気持ちでいっぱいだった。

退学になった当事者たちと大麻の関わりを薄々気づいていたものの、それを止めずに事実を隠したということで、退学にはならなかったが「隠蔽補助」で謹慎処分が下った。処分に入る前、学校に行った。その時の指導で、初めて心から反省した。自分が止めていたら、事実を隠さなかったら、みんな退学にならなかったかもしれない。自分が止めていたら、こんなことにならなかったのにと、自分を責めた。その時に思った。「この学校を卒業したい。こんなに自分を見てくれるところはない」と。私生活からなにから、本当の友達、仲間の大切さ、全てに対する心が変わった。

そして謹慎処分に入った。辞めてしまった友達と連絡をとることも禁じられ、厳しい処分だった。春休みは実質ゼロ日。そこから新たな心構えで三年になった。「今いる仲間たちと卒業したい」「もっと思い出を作りたい」と、一年二年で問題ばかり起こしていた自分が三年では指導も謹慎もゼロ。正直、勉強はしなかったけど、行事に取り組む姿勢や態度だけは変わったと思う。おとなしい子からやんちゃな子まで、みんな仲良くなった。この出来事がなければここまで変われなかったと思う。

下宿でも自分たちが一番上の学年になって、後輩も入ってきた。みんなで夜まで騒いで遊

北星にいた経験

52期　大門将樹

んだり、下宿の思い出もたくさんできた。卒業式の前日は朝までオールして、みんなで思い出を語ったり、卒業式に備えて髪を染めたりした。本当にいい仲間を持ったと思う。卒業式本番は、いつもと違う空気が流れていて「あ〜本当に今日で終わるんだな」と寂しく感じた。入学当初じゃ考えられなかった思いだ。五二期は、本当に最高の仲間ばかりだった。何より、ずっと迷惑ばかりかけ続けてきた父母に、「卒業」という恩返しができた。今でも感謝しかない。

現在自分は、父の紹介で札幌中央卸売市場「青果」で働いている。会社にも恵まれ、上司にも仲間にも恵まれ、担当を持って八百屋として商売している。うまくいかなくてイライラする時もあるし、つらい時もたくさんある。でも、北星で様々なことを経験し、「向き合うこと」「人を思いやること」「忍耐力」などを学んだから、踏ん張って社会人をできていると思う。

ありがとう、北星余市！

私の分岐点

52期　大峠　涼乃（2019年 卒業）
●念願かなって、お客さんの笑顔を見まくりな現場監督

プライドは大切。でも、弱さやダメなところをさらけ出してもいい。誰かに頼ってもいい。それも強さだと教えてくれた。

中学時代、私はプライドが高く、少しでも周りより劣っていると思うと自信が無くなり、周りも私のことを馬鹿にしたりしてるのではないかと思い込んでしまっていました。勉強の取り組み方がわからず、勉強についていくことができないことや、小学生の時に仲の良かった子たちとは、中学校でほとんど離れてしまったこと、その環境で上手く友達を作れなかったことなど、少しずつ少しずつ、蓄積していたと思います。

私の分岐点

52期　大峠涼乃

そんな私は、夏休みの宿題が全く終わっていなかったのに、友達には「終わった」と嘘をついて、それを誤魔化すようにそのまま中学一年生の夏休み明けから不登校になりました。今思えばもっとやりようがあったのになと自分でも思います。家から全く外に出ないというわけではありませんでしたが、母は不登校になってしばらくは「学校に行きなさい」と言うし、反抗期だったこともあって素直に話し合うこともできず、ストレスばかり溜まっていきました。

そんな時、不登校だったので代わりに通っていたデイサービスの先生の母校が北星余市だったため、是非一度見学に行ってみないかと誘われました。最初は全然乗り気ではなく、小さい頃から建築関係に憧れていたので、将来は工業系の専門学校だったり、通信の高校を検討していました。自分が全日制や専門以外の学校にいけるようなイメージが全く湧かなかったからです。

嫌々ではありますが、とりあえず勧められたので母と北星余市の見学に行きました。見学に行ってみると、そこで見た在学生のみなさんは、みんながみんな個性が全く違うのに和気あいあいと話していて、先生との距離も近く、自分もこんな風にキラキラしたいなと思いました。私はすこし不安ではありましたが、今のままでは嫌だと思い北星余市に入学することを決めました。

実際に北星余市に入学して私の人生はいい方向へとガラッと変わりました。最初は引っ込み思案で友達がなかなかできず、よく母親に友達が全然できないというメッセージを送っていました。他の子は県外や遠方から通うために下宿や寮に入っている子が多くて、札幌などから約二時間かけて通う子は少なく、うまく距離を縮められずにいたというのもあります。そのため入学してからしばらくは、お昼も一人で食べていたし、放課後になったらすぐ帰宅していました。

しかし一年生の五月頃、転入生の女の子がクラスにやってきて、「今しかない、友達になりたい」と思い、勇気を出して声を掛けました。後にその女の子に誘ってもらって入った軽音部でバンドを組むほどの仲になることができました。

また、北星余市は五月も六月も行事があり、三年生の生徒会の先輩も同行する一年研修や強歩大会があったので、その子以外とも話す機会ができて、仲を深めることができました。

軽音部に入ってギターを覚えた一年生のある日の放課後、友達（G田）が歌い、私が学校のアコギ（注：アコースティックギター）を弾き、軽音部室で弾き語りをしていたところに二年生の先輩が入ってきて「すごくよかった！　学祭でライブがあるから出てみたらいいんじゃない？」と言われ、私たちは「出ちゃおう！」となり、職員室へ急いで行って先生方にバンド名は何がいいか聞いたところ、今堀先生から「〝ごうとうげ〟はどうだい？」と言われ、それが一番良かったため、その名前で初のライブに出たことが印象深かったです。最初のライブはボロボロだったけど、これをきっかけに「ごうとうげ」はどのライブにも欠かさず出続けました。私の青春の一部です。学祭でみんなの前で演奏したり、その演奏が上達したりすると、先輩や先生が一緒に組もうと誘ってくれたのがとても嬉しかったです。三年生になると、軽音部部長にもなることができました。これが無ければ今の私はありません。

こんな経験ができるなんて、中学生の時には考えてもいなかったことでした。

北星余市は行事がとても多いです。生徒が主導するイベントも多くあります。最初は接したことのないタイプの人や、やったことのないことに対して「大丈夫かな」「大変だな」と感じていましたが、それぞれの個性にあった輝ける場所・自分を活かせる機会がたくさん用意されているのだなと実感しました。

懸念していた勉強についても、中学の内容から徐々に難易度が上がっていくし、テストの時も先生方がきちんと救済措置をとってくれたので、おかげさまで一度も勉強で挫折するようなことはありませんでした。テストが近くなると、友達と配られたプリントを見ながら必死に暗記したり、得意な数学では教えることも増えたので、そういったことも今は経験できないような思い出です。

そうして増えていった交流がとても楽しく、中でもこの学校ならではの交流だなと感じたのが職員室です。小学校と中学校では、よっぽど何か用事がないと入らない場所であり、特に中学校では礼儀を厳しく指導する場であったり、不登校だったこともありあまりいい印象はありませんでした。しかし北星余市の職員室は、ソファーに座って友達とお話ししたり、先生に「次の授業で何やるの？」と聞いたり、他にも「香水変えた？」みたいなコミュニケーションの場となっていました。放課後の職員室で、友達数人と超激辛カレーを食べたこともありました（先生にも食べさせました）。

先生の椅子に座ろうとすると怒られますが、激辛カレーを職員室で食べていても何も注意されません。もちろんダメなことはダメと、その理由を添えて叱ってくれます。でも面白いことや興味のあること、学生ならではの青春を、やさしく見守ってくれる先生方ばかりでした。むしろ「自宅の庭でとれた白樺の樹液があるから飲みたい人は職員室まで」という先生からの放送があったり、すごく気軽な用件で呼び出されたり、すごくライトな交流の場だったと思います。

そんな空間のおかげもあってか、プライドの高い私ですが、親にも頼りづらいことは、先生に相談するという選択肢が増えました。

二年生では、後期の半年間、生徒会も経験し、スポーツ大会の運営や、ハロウィンになれば生徒会のみんなで企画を立ててお菓子を配り、三年生を送るための会の運営などをしました。修学旅行では実行委員会として、より良い修学旅行にするため、謹慎処分になるクラスメイトが出ないためにみんなでルール決めをしました。修学旅行の実行委員会では、前年度のしおりのルールを知らされずに深く門限や行動のルールについて議論したあと、「まあある んだけどね～」と前年度のしおりを出され、みんな「なんだよ～！」となっていたのを覚えています。前年度にあるものに乗っかるのではなく、自分たちでなぜこのようなルールを作るかの話し合いが大切だったようでした。

最初は即帰宅し昼休みも一人で黙々と過ごしていた私ですが、友達とも、昼休みに下宿のお弁当を分けてもらったり、放課後は少し暗くなるまで過ごしたり、休日は小樽や余市で遊んだりするようになりました。学校から歩いて十分程度の場所に海があるので、そこでギターを弾き語りしたり、のんびりすごしたり、余市駅の周辺のカラオケで友達とたくさん歌ったりするのがとても好きでした。不登校だった時もデイサービスの行事で嫌々遠出したりもしていましたが、高校生活での外出は楽しい記憶しか残っていません。

そんないい思い出もいっぱいある反面、人と人との距離が近いからこそ起こるぶつかり合いもたくさん目にしました。自分が当事者になることも、巻き込まれることもたくさんありました。友達と喧嘩してしまって、先生にどっちが悪いと思う?と聞いたこともあります。他にもクラス単位、学年単位で問題が発生したり、ちょっぴり空気が悪いなと思ったこともしばしばあります。しかしそれも、先生方がまず背中を押したり手助けをしてくれたりして、自分たちで考える時間をたくさん与えてもらったうえで、できるだけ助け合って解決していきました。小学生の時は、人間関係についてもあまり深く考えずにいたし、中学生の時はそもそも引きこもってしまったので、人間関係において困った時に、どう解決していいかわからずにいましたが、北星余市で色んな人と関わることができたことで、その点も成長したと思います。色々あって退学してしまった子や、あまり関りがなかった子でも、卒業した今ふと「元気かな」と思い出すことがあるのは、そういった深いやり取りや思い出があったからだと感じます。

また、学校内での関わり以外にも、礼拝でお話をしてくださる牧師の方や、課外学習で学校の外に出て知り合う方々、学祭などの行事で来てくれるＯＢやＰＴＡの方、青空教室というパン作りなどが体験できる場に来てくれる地域の方々など、様々な関わりがありました。総合講座では、外部から人を呼んで教えてくれるようなものがあったり、こちらから学校外に出て活動するものがありました。私は福祉系の講座に一年いたため、近くの施設を訪問したり、絵本をこどもたちに読み聞かせすることもありました。こういった外部の情報などを積極的に取り入れることができるのも、北星余市に入学してよかったなと感じる点です。外部の人にも、癖が強い人がいましたが、みんな優しくて類は友を呼ぶんだなと思いました。

私のように受け身で、自分からアクティブに動いていろんなことをやってみようというのが難しくても、先生方が「いいかも！」と思ったことを取り入れてくれて、私や他の生徒にも「こういうの興味ある？」「やってみない？」と声をかけてくれます。そんな風に声をかけてくれるので、「どうせ」や「でも」のようなことばかり思っていた私も、「やってみようかな？」「楽しそうだな」とやりたいことが増えていき、結果的にはいろんな経験をすることができました。部活の兼部も問題ないと言われたので、バドミントン部や美術部や放送局などあちこちかけもちし、青空教室は生徒は無料だと言われ、行きたいものには参加し、余市町の付近を探索したりと、興味のあることにのびのびと手を出すことができたのは、とてもよかったなと思います。

卒業してもう六年ほど経っていますが、高校生活でのそういった経験や思い出を今でもすごく鮮明に思い出せます。あの時ああだったな、あの時はこうだったなと思い出し、今でも交流のある友達とその時のことを話すこともたまにあります。

現在、私は建築関係の専門学校を卒業した後就職し、現場監督として毎日がんばって働いています。失敗することも落ち込むこともたくさんありますが、北星余市でできた経験や思い出、友達に助けられることもよくあります。例えば、仕事で細かなミスや、大きいミスをしてしまったとき、上司にどう相談したらよいか、どう接していけば相手の気に障らないか等、主に人間関係の面で思い出に助けれています。また、すごく落ち込んだ時には当時の友達に「仕事辞めたい」や「しんどい」などの愚痴も聞いてもらい、気の許している友達ばかりなので、たくさん慰めてくれたり時には叱ってくれたりしています。

プライドが高くて、周りに呆れられたり笑われるのが怖いという気持ちは今も変わらず自分にあります。それでも、高校で得た、自分一人で解決したり隠したりせずに他の人に頼ってもいいということや、友達、先輩、後輩へどう接すればいいのかというのが、社会で生きていくうえでとても大切な経験だったと思います。不登校のまま通信制高校や、専門学校に行っていたら、また心を閉ざして、何事も中途半端なまま投げ出すことになってしまったかもしれません。

私の在学中に、一定以上の入学生がいなければ廃校というニュースが流れました。「こんな素敵な居場所がなくなってほしくない」という一心で、自分も周りも輝いていることをわかってほしいと必死に頑張りました。そんな居場所が今も変わらず存在すること、入ってくる生徒たちや、先生も入れかわっていくけど、本質は何も変わらず北星余市があると思うと、とても嬉しいです。

高校生活は三年間。人生の中ではとても短く、これからも歳を重ねていけば遠い昔の話にいつかなってしまうと思いますが、北星余市での三年間は、短いと同時にとても濃く、大人になってからの自分の人生に深く残る経験ができるチャンスになりました。他の場所で過ごしていたらというのは今となっては分からないことですが、北星余市に入学すること、入学した後の選択も、これで良かったと思っています。

最近では、私が相談したら一緒に深く考え込んでくれた先生や、やりたいことをやろうと言ってくれた先生がいたように、仕事場でできた後輩からの相談には一緒に悩み、背中を押せるように努めるようにしています。

このように、北星余市に通うことで得られたのは、周りを頼ってもいいんだという気持ちと、人と関わることで生まれる経験や、親以外の信頼できる大人だったと思います。尊敬できる人が、北星余市にはたくさんいます。そんな人たちに、改めて感謝を伝えたいです。

実は昨年、久しぶりに北星余市の学祭に行こうと思ったのですが、運悪くコロナにかかってしまい行くことができず、無事行くことができた友達とビデオ通話をして、学祭の様子や今の先生方の様子を見せてもらうということがありました。「なにしてるの〜！」と言われてしまいましたが、スマホ越しに見えた風景は相変わらず楽しそうで、「行きたかったな」と強く思いました。

今度はしっかり体調管理をして、自分の足で母校に赴いて、感謝と私の現状報告をしたいです。

speech

答辞

卒業生代表　五二期　**伊藤　啓**

勉強が大嫌いな僕にとって学校という場所は苦痛そのものでした。

型にはめられ、みんな同じ教室で、同じ勉強をすることに大きな違和感を持っていました。学校っていうところでは、先生の言うことを聞く、真面目な生徒になることが求められます。たくさん勉強して、いい高校に入って、いい大学に行く、それが正しい道だって教えられてきました。

今から五年前僕は学校へ行かなくなりました。やらされるばかりの勉強が嫌で嫌でたまらなかった。ずっと我慢して学校へ行っていたんです。でも僕は真面目な子供だったので、先生から、親から認めて欲しい、褒めて欲しい、そんな思いでずっと頑張っていました。正解ばかりを気にしていつしか学校では自分を偽って、演じていたように思います。そんなんだったからいつしか本当の自分を見失ってしまったんです。

小学生の時から我慢していた気持ちが爆発して学校から逃げ出したんです。

今の日本で学校へ行かないということは、普通ならあり得ないことです。先生からも、親からも、なかなか理解されませんでした。とっても辛かったです。だから家に引きこもって昼夜逆転、オンラインゲームばかりをして過ごす日々でした。僕は心の何処かに寂しさを抱えていたんです。

高校になんて行くわけがないと思っていましたが、気がついたらこの北星余市の門を叩いていました。親から離れて下宿生活をして過ごすことにしたんです。今思い出しても、大きな決断だったと思う。

不安な気持ちで入学式を迎えた日のことをいまでも良く覚えてます。ここなら今までの自分とは変われるかもしれない、本当の自分を見つけたい。そんな気持ちでいました。が、そんな想いはすぐにぶち壊されることになります。なんか怖い先輩。いかつい同級生。不安な気持ちがもっと不安な気持ちになりました。こうして卒業を迎えることなんて全く想像していなかったし、想像すらできませんでした。

しかし僕はどういうわけかこうして学校も辞めずに、卒業の日を迎えることができました。

振り返るとこの三年間、けっして楽しい思い出ばかりではありません。どちらかというと面倒くさいことや、全てを投げ出してしまおうという気持ちになることの方が多かったです。訳もなく、ただただ毎日「しんどいなー」と思って過ごしていた記憶ばかりです。それに「学校やめたい」って思ったのは一度や二度の話ではありません。

実は僕は人がものすごく怖いんです。他人から「どう思われているんだろう」とか「嫌われたらどうしよう」って考えてしまって、人の目、他人の目が気になって仕方がない人なんです。「本当の自分を見つけたい、今までの自分とは違う自分になりたい」そう思えばそう思うほど、今までの仮面を被った自分が現れるんです。殻に閉じこもった自分から、抜け出したかった。仮面を被った自分から抜け出したかった。

ありのままの自分でいたかった。

そんな自分の思いとは裏腹に時々全てを投げ捨てたくなるときがありました。下宿の部屋に閉じこもって、こんな自分は、もうダメだって泣いていた。そんな姿は誰にも見せたことはありません。恥ずかしくて誰にも言えませんでした。今日初めてみんなの前で言います。

卒業を迎えて「本当の自分を見つけたか?」と聞かれたら、答えは「NO」。本当の自分なんて見つからないままです。何かが大きく変わった訳でもありません。ちっぽけな自分のままです。今となっては、変われない自分も本当の自分だったのかなと思います。

「この日を迎えられたのは僕が頑張ってきたから。」では全くありません。この学校が明らかに他の学校とは違うところは「みんな違ってみんな良い」という信念が根付いているところだと思います。全国から様々な個性を持った人たちが集まって学校生活をします。そんな個性豊かな仲間と過ごした時間は私にとって、自分の弱さを知り、成長させてくれる時間だったのです。

五二期のみなさんはこの北星余市で三年間過ごしてきました。中にはそれよりも短い人もいますが、同じ時間を共有してきました。それぞれふり返って見て、これまでの日々はどんな風に見えていますか? 入学してきた時と比べて変化はありましたか? それとも変わらないままでしょうか。

今日で北星余市での生活はおしまいです。そして、それぞれに新しい生活が始まります。きっとこれは通過点なんだと思います。
一、二年生は四月から新しい学年です。きっと楽なことだけじゃないと思う。つまずいたり、転んだりすることだってあると思う。そんな時はしっかり立ち止まって、周りを見渡せば良い。この学校には背中を押してくれる仲間・環境がきっとあります。
だから大丈夫。応援しています。

二〇一八年三月三日

speech

北星だぁーい好き♡

53期　中嶋　碧（2020年 卒業）

●大阪出身、23歳、フリーター^_^

普通がコンプレックスだった。なんにもないみたいで。
それでいい、私には私の良さがある。
そう気づかせてくれたたくさんの人たち。
卒業してなお、大切に関わってくれている。
私の「余市愛」は溢れるばかり——。

北星余市になんで来たか

学校を休みがちになったのは、小学校四—五年生の時だったと思う。なんでよく休むようになったのか理由は全然覚えていないし、大した理由も多分なかった。

中学生になって、休み休み登校していたものの、一年生の夏休みに部活を休み始めたのがきっかけ（多分）で、そこから冬休み前まで一回も登校しなかった。友達はいたし、外に遊びに行くこともあったし、家庭環境にこれといった問題があった訳でもない。中学二年生から少しだけ、よくある反抗期に突入。今思えば「学校」というものを休みがちになった小四の頃から反抗期だったのかも知れない。家族で食卓を囲むのがなんか嫌で、夜一人になれる時間にご飯を食べていた。中二からは、母も父も姉二人の事も無視。話しかけられても無視。とにかく無視した。ちょっとやんちゃな友達と夜中に出かけてみたり、プチ家出をしてみたり、友達の家に入り浸りになってみたり。ヤンキーとかにはなりたくないけど、真面目にも出来ないし、ヤンキー怖いし――みたいな境目を彷徨ってたんだと思う。

中二の終わり頃、一月か二月かそのくらい、やんちゃな友達と縁が切れ、家にいることが多かった。

「高校はどうするの」家族にめっちゃ言われたし、自分でも「分かってる」って思ってた。そんな時に姉からフリースクールに通うことを勧められた。自分で資料請求して、親に話して、中二の終わりから中学を卒業するまで通った。大好きになれる先生にも出会った。高校進学の話も聞いてくれて、中学校にフリースクールの出席日数を学校の出席日数にしてもら

北星だぁーい好き♡

53期　中嶋碧

える様にお願いしに行ってくれたけど、出席日数は貰えなくて内申点は０。テストは受けに行ったけど大体平均点以下。親との仲は改善されていなかったから、全寮制の高校にすることにした。とりあえず、寮がついてる高校を探してみたけど、自分を受け入れてくれそうな学校は校則が厳しぃのなんの。「個室無し、お小遣いなし、敷地外に出られるのは数ヶ月に一度」みたいな。

そんな生活はさすがに無理だと、校則のゆるそうな学校を探していたら北海道余市に発見。余市まで見学に行って、大阪で受験して北海道に移住。

北星に来て

北星に来た最初、下宿に着いたら超ヤンキーの三年生がすっぴんパジャマで登場。めっちゃこわかった（笑）。でも、その先輩とも一緒に入った一年生の子ともすぐ仲良くなれた。北星に来るまで、これといって友達や先輩などの人間関係であんまり悩んだ事が無かったけど、下宿に住むようになって生活を共にするという特殊な環境もあり、人間関係の壁にぶちあたったりして、最初は大阪に帰りたくて仕方がなかった。

高校生になっても休みがち、遅刻しがちなのは変わらず、毎年留年の危機。補習はもちろん全参加で、「来年あたしのクラスな」って一個下の学年の担任してたホンマリョーコ（注：

本間涼子先生）にめっちゃ言われてた（笑）。

北星に入学したての頃、特に問題児でも何でもなかった自分がちょっとコンプレックスだった時期がある。そんな時、当時の担任のきょーこちゃん（注：鈴木恭子先生）が、普通な自分をすごく認めてくれて、肯定してくれた。普通か普通じゃないかって気にすることじゃないと言うか、「普通ってなんやねん」って感じやけど、めっちゃ怖いもの知らずで常識に囚われずに、自由奔放にやりたいことに突き進む同級生や先輩を見て、自分は「普通」であることを気にするし、常識の範疇でしか動くことが出来ないし、色んなことが気になって仕方がなくて自由奔放にもなれない。比べるもんでもないけど、自分とその子達を比べてしまう自分がいて、比べた時に特にやりたいことも無く「普通」を気にして生活してる自分が劣っている気がして、コンプレックスやった。今も完全にそのコンプレックスが無くなったかって聞かれると全然そんなことも無いけど、自分には自分の良さがある筈って思えるし、そう言ってくれるまわりの人達が沢山いて、めっちゃ救われながら生きてる。この価値観は北星に来ないと持てなかったかなーて思う。「気にしい」やし、怖いものだらけやし、自分の意思とかやりたいこととか考えるのは正直難しい。

でも、北星に来てなかったら、多分そういう自分に悩む事もなかったと思う。そういう自

北星だぁーい好き♡

53期　中嶋碧

分に悩むことも大事なことやんな、って思う。答えは出やんけど。

卒業して四年、北星余市での生活を思い返すのは難しい。毎日寝坊してお昼休みに行けばまだいい方、五―六時間目から行った日だってめちゃくちゃ多い。この文章を書くことになったって五三期の友達に言ったら、「なんで全然学校来てなかったお前が書くんだよ!!」って言われた（笑）。自分でもそう思う。それでも余市での生活にはたっっっくさんの思い出があって、今でも余市のことが大好き。一年生の初めの頃みんなで集まりまくったインプレ（注：美容院）裏の浜、セコマ（注：セイコーマート（コンビニ））と塩見（注：塩見耕一先生）ん家の近所の公園、二一時半の門限に間に合うためにチャリンコ爆走させる日々、ひまわり（学校から遠い下宿）やのに二一時半ギリギリまで何故か一緒にいるたくちゃん（笑）。冬は夜まで職員室で色んな先生に絡んで、さとげ（学校からいっちゃん近い、佐藤下宿）やのに車で送ってけってねだる毎日。下宿に帰ると自然と部屋に集まってくる同級生たち。お風呂は二二時半までと決まってたのに、二二時二五分くらいから慌てて入る全員で。ぎゅうぎゅうづめのお風呂場に一番最後に入りにくるももか。ボイラーを切られて水風呂を体験する日も時々あった。そんな小さな日常が今は恋しくて仕方がないので、今、高校生に戻ったら三年間ちゃんと毎日通う中嶋碧に変身しているはず（たぶん）。

一五歳の時に、大阪から一人で北星余市に行く決断をしたことによって、きっと大阪に住んでいたままの私では得ることの出来なかったかけがえのないものを得ることが出来たと思う。

だぁーい好きな人達、第二の地元だと誇れる土地、誇りだと思える母校。

「私が北星で得たものはこの人間関係です」と胸を張って言えるくらい、北星余市で繋がった人達の事が大好きで、愛が溢れてしょうがない。

まずは五三期の仲間たち。他の代の人達がどのくらい仲良しなのかは分からないけど、五三期は結構仲良い方やと自分でも思うし、よく自分たちでも言ってる（笑）。意外と喋ってなかった子の最近のことがなんか気になったりもするし、仲のいいメンバーでは卒業後毎年旅行に行くのが恒例になっている。北海道に会いに来てくれたり、東京に会いに行ったり、遠くにいるのになんだかんだずっと連絡とってるし、半年に一回は必ず会う。そんな友達に出会えたことに感謝しかない。

さとげのみんな。「三年間一緒に住む」って、やっぱりすごく長い時間を一緒に過ごすし、濃いいいいい毎日。同期の仲が良すぎて後輩に迷惑をかけていたかも知れないし、後輩の面倒を見てあげることも出来なかったけど、やっぱり生活を共にしてたから今でもたまに思い出

北星だぁーい好き♡

53期　中嶋碧

すし、元気にやってて欲しいなって思う。下宿のおばさんも、あの頃は全然話も聞かないし、朝起こしても起きない小娘って思われてたかも知れないけど、朝起きて学校に行けば「今日は偉いね～」って褒めてくれたし、毎日「今日もめんこいね～っ」て言ってくれてたなあとか、家を出る前に思い出す（笑）。

そして北星の先生方。大学生になり札幌に住んでいるのもあって、北星に訪れる機会が多くて「また来たの～！　もう碧いいよ～！」とか言ってくるけど、何だかんだちょっと嬉しそうで可愛い。担任でも副担とかでもなかった先生と仲が良いとか、普通の高校じゃ有り得なかったんだろうなと思う。卒業してからもプライベートな話が出来て、おうちに泊めてくれて、一緒に飲んでくれて、ご飯連れて行ってくれたり、そんな関係を築くことが出来る高校の先生って他にどこを探せば見つかるのだ??　って感じ。

あとは、当時余市教会の牧師さんだった小西さんご夫妻。余市の頃からとっても良くして頂いていて、礼拝に行った帰りにご飯作ってもらったり、ヨイッチーニ（注：余市町内にあるイタリアンレストラン）に連れて行ってもらったり、動物園も一緒に行ったたし。今はお家がご近所さんすぎて、よく夜ご飯を食べさせて貰ったり、色んな行事やイベントに呼んでくれる。ひね（注：総合講座「世界の文化をのぞいてみよう」の講師）、みほこ（注：北星余市のパンフレット等に掲載する写真を撮ってくれるカメラマン）とか、大人が友達みたいにいてくれるこの環境がありがたい。

あとは余市町の人達。全然顔見知りでもないはずやのに北星って分かっただけでちょっと優しくしてくれたりする。自分がいいやつからとかじゃなくて、北星が余市町に愛されてる証拠やなあって思って、ちょっといい気分になる（笑）。

北星余市三年生の末、あと数ヶ月でこの生活が無くなるって実感した時、めちゃくちゃ寂しくなった。北星めっちゃ好きやなって思った。

一人暮らしし始めて三ヶ月くらい、毎日「おはよう」って言う相手がおらんこととか、暇な時にすぐ横の部屋におったはずの友達がおらんこととかを実感して、さとげのこと、ほんまめっちゃ好きやったなって思った。

実家を出て北海道に来た時もすっごく寂しかったし、大阪に帰りたいって思ってた。北星はいつでも行けるし、いつでも帰れる距離にあるけど、もう現役の生徒じゃないし、毎日のあの生活を取り返せる訳でもないから、なんかちょっと失った的な感情になりもした。

でもすぐに学祭で集まることになった同期たち。卒業してからも連絡を取り続けて、会って飲んで騒いで、地味に真剣な話もしたりして、物理的にはめっちゃ距離があるのに心の距

北星だぁーい好き♡

53期　中嶋碧

離が全然離れていかない友達。そんな存在がいることが自分にとって誇りすぎて、大学ではあんまり友達出来てないけど、全然寂しくないいままである。結構な熱量で自分たちが集まる空間とか時間を大事にしてる友達や自分が、われながらだいぶ可愛いなって思う（笑）。

すっごい大雑把な三年間やったし、毎日遅刻してたけど、あの三年間はこの良い人間関係を与えてくれた。何かあってめげそうな時、やっぱり人に頼らないとうまく発散できないし、めげそうな時に相談できる人って限られてくると思うけど、北星余市に来たことによって相談できる人が増えたし、色んな視野を持っている人がいてるから、色んな目線からの意見を貰える。その意見とは食い違う時もあるけど、そんな食い違う自分の意見があることも、それも含めて良いことかなと思う。

三年間で色んな経験をさせてくれた北星余市には感謝しかないし、やっぱり誇れる母校です。

素敵な出会いをありがとう。

私と北星余市

カメラを通してみる北星余市

カメラマン　辻田　美穂子

カメラは不思議な道具だ。自分の目で見て、自分の頭で考えて撮っているはずなのに、最終的な仕上がりを一〇〇％思ったまま表せない時がある。もちろん「作品」とするなら「自己表現」であるから作り上げたいイメージもあるだろうし、「仕事」とするなら、カンプと呼ばれる完成イメージをゴールとするので、どちらの場合もそのゴールに限りなく近い状態を目指して光や被写体を調整し、仕上げていく。頭で思い描いていたものを具現化することは、達成感も得られるので満たされた気持ちになるが、一方で、被写体となる人やものは、そもそも自分とは全く別の意思をもった存在であることを踏まえ

ると、それらを完璧にコントロールできない部分にも、写真のおもしろさがあると強く感じる。私にとってカメラとは、自分の見たものや感じたことを人に伝える手段でもあるが、今まで見聞きしてきた「知っているはずの世界」の外側に自分を連れ出してくれる、不思議な道具でもあるのだ。

人と向き合うこと

少しだけ自分の話になるが、高校時代はオーストラリアで過ごした。高校2年生からの編入だったので、自分の居場所を見つけるのに時間がかかった。学校にはアジア人がとても多かったが、当時、アジア人に対する人種差別は日常的に存在した。私という個人ではなく、アジア人というとてつもなく広いくくりで一緒くたにされ、自分がしてもいないことに対する非難をまともに受け止めた私は、日々傷つき、やがて人と向き合うのがとても怖くなった。

その後たまたま進学した大阪の写真専門学校では、大阪やアジアの国々などの路上で人と対峙する「ストリートスナップ」という手法で撮影をしてきた写真家たちが先生だった。初めのうちは、とにかく圧倒的に量をこなすことを口酸っぱく言われ、たくさんの写真集を見た。夏休みにはフィルム一〇〇本をバックパックに詰めて、ひとり知らない街を歩きながら写真を撮った。恩師は「写真は自己表現ではなく、世界を開示するための道具だ」という考えをもつ人だった。それに加え、「絵は家で座っていても描けるけれど、写真は現地に行かないと撮れない」とも言っていた。自分の内から湧き出る想いや考えを形にするのではなく、「外に出て自分とは別の存在と出会うことで視野を広げろ」ということだと解釈した。知らない街を写す時、そこで暮らす人々を撮ることは必須と言われた。しかし高校時代の体験から、人と向き合うことがうまくできず、ましてや路上で初めて出会った人にカメラを向けることは、本当に難しかった。撮られる側も「なんだいきなり」と思うのがあたりまえで、ただならぬ私の気配を察知して睨みをきかせてきたり怒ったりするので、近づく前に恐怖心からシャッターを押してしまうことが多々あった。できあがった写真には、真ん中にぽつんと米粒サイズの人が写っているだけで、先生たちには「何も写っていない」とよく言われた。

人との向き合い方について転機が訪れたのは、学校の卒業制作で、祖母の故郷であるサハリン（旧樺太）をテーマに撮影をしている時だった。現地に暮らすひとりの日本人女性と出会い、彼女とその暮らしを撮影するために、卒業後も通い続けた。日常生活の中でカメラを向けられるということは、常に緊張の連続であると思う。ましてや言語でのコミュニケーションはほぼできなかったので、撮影意図をいちいち説明できなかった。しかし、彼女はいつカメラを向けても私をとがめることなく、いつも通りに過ごしてくれた。時には友人の家や、結婚式、家族親戚で過ごす年越しの集まりにも招いてくれ、だんだんと知っている顔が増えていき、居心地がよくなっていった。そしていつの間にか、人と関わり向き合うことに、恐怖心を抱いていない自分がいることに気がついた。彼女が私を受け入れてくれたからこそ築けた関係性のおかげだった。それから一〇年ほど経ったころ、「北星余市に行ってみない？」と偶然声をかけられた。従来の仕事では、あらかじめ小道具を用意してもらったり、撮影に参加する人を決めたり、その人たちに声かけをしながら微調整を繰り返し完成イメージをつくりあげることが多いが、北星余市での撮影は、そもそもそういった完成イメージをもたないで臨むということだった。通い続けながら自然な姿をスナップしかたちにしていくというところがサハリンでの撮影方法と似ていたので、やってみたいと思った。かつて人と向き合うことが怖かった自分が今度はどういうふうに向き合うのか、そして一体どんなものに仕上がるのか、自分自身が知りたくてたまらなくなった。

主観と客観。点、線、面、立体。

写真を撮るときに頭の片隅においていることがある。それは「自分の目」と、「カメラのレンズを通して見る目」、つまり主観と客観というふたつの目（視点）を持って、ものごとを見るということである。どちらも最終的に自分の目で見るということに変わりはないが、カメラという道具には、それが介入することによってものごとの見え方や被写体に対する意識が変化するという不思議な特性がある。自分の目で見ている時は、特徴（誰が見ても同じ事実）を捉えながら、感想（人によってさまざま）を足して考えていることが多い。ひとつ例に挙げると、ある人が「彼女は長い髪を素敵にアレンジしていてかわいい」と捉えても、別の人は「長い髪は結ばずにおろしている方がかわいいのでもったいない」などと感じるかもしれない。しかしカメラを通してみると、それらの個人的な感想が省かれ「女性」や「髪が長い」など、見えている事実にだけ焦点を当てることができる。撮影の仕事では「長い髪の女性を美しく見えるように撮影する」というオーダーもきたりするので、「美しい！」と感性が刺激されて主観的にシャッターを押すこともあるが、ミッションを達成するために、「どうすれば長い髪が美しく写るのか」などと、ものごとを客観的にとらえる力も必要とされる。

また別の角度から捉えてみると、ものごと（立体）は「点」と「線」と「面」から成り立っているとも考えられる。人に置き換えて例を挙げると、「点」はその人の「特性」や「ある一点における行動」など単一かつ瞬間という「限定された個の事象」。「線」とはその限定的な部分が連なり、時間が発生することによって見られる「変化そのもの」や「変化の過程」。さらに「面」とはさきほどの「線」がいくつか作られるうちに多様化、複雑化してきて形成される「個人」やその個人のもつ「考え方」。長期的な撮影に臨む際は、主観と客観というふたつの目で心を震わせつつも冷静に俯瞰することと、目の前で起こる事象（点）を瞬間的に選びとり、その点をいくつもつなげていくことで変化や過程（線）を表しながら、その多種多様な線から生まれる「個人」（面）や、それらがいくつも集まってできる集団や現象（立体）が写真に現れるように心がけている。こうしていろんな視点をもって撮影することで、私自身毎回たくさんの気づきを得られるし、また写真を見るひとりひとりが、それぞれの解釈をもてるような「余白」も残しておきたいので、「こうだ！」とか「こういうふうに見て！」とイメージを断定するような写真にもならないよう気をつけている。

初めての北星余市での撮影

「北星余市」と聞いて、まず最初に思い浮かべるのはどんなイメージだろう？　昔に流行ったドラマの影響や様々な出版物から「ヤンキーがたくさんいる」や「不登校の生徒が行く学校」と答える人が多いのではないだろうか。しかし、先ほどにも書いたとおり、どんなものごとでも「こうだ」と一言で断定してしまうのは、とてももったいない。もしかしたら「そうではない」側面を見落としているかもしれないし、その見落とした側面から自身の血肉となるような気づきもあるかもしれないのだから。

初めて撮影に行ったのは二〇一八年五月に校外で行われた一泊二日の、一年研修だった。一年研修とは、学校に入学して初めての行事で、全国から集まった「初めまして」のお互いをよく知るための機会だったり、入学したばかりで不慣れなことや不安に感じることが多い時期に、周りの人と一緒に楽しめるきっかけをつくることを目的に行われている。まずここで驚いたのが、場を仕切っていたのが三年生の生徒会だけだったということ。友達としゃべっていたり、なかなか切り替えができず次の活動の準備ができない一年生に対して、先生方は一言も発しない。先生が大きな声で先導するよりも時間はかかるが、生徒会の必死の声かけに、ひとり、またひとりと次の活動をする姿勢に切り替わっていく。そこには自主性を重んじ、自発性を育てるという学校の理念が貫かれていた。先生方がマイクで怒鳴り散らし、力で場を制圧するような恐怖政治は、北星余市で撮影を始めてから一度も見たことがない。時には諭さなければいけない場面もあるが、個別に時間を設けて話したり、ホームルームで話題にするなど、「なぜそれがだめなのか」ということを自ら考える時間と、対話が尊重されている空間であると感じる。

もうひとつ印象に残ったことは、個々の生徒が発する圧倒的なエネルギーだ。先ほど例に挙げた、「自主性を重んじ、信じて見守る」という学校の理念とは真逆の行動だが、「今はこれをする時間」や、「これをしたら注意される」など、そういうことは考えず、自分の「今」やりたいことを全力で体現している生徒たち。それが良いとされる場合は場が盛り上がるが、良くない場合はトラブルの発端にもなり得る。その行動が良いか悪いかということをここで言うつもりはないが、そのように自分のもっているエネルギーを全力で放出させている姿を美しいと感じ、心が揺さぶられ、気づいたら涙があふれていた。まわりの顔色を伺ったり、納得のいかない規則に従っているうちに薄れていく、元来人に備わっている本能のような忖度なしのエネルギーが、とてもまぶしく感じられたからだ。

理念として掲げられている姿勢がきれいごととしてではなく、目の前で実践されていることを素直にそのまま写したかったし、原始的なきらめきをもつ個性もそのまま表現したいと思った。規律の中でひしめき合うエネルギーは、よくあるはずの学校行事を混沌とさせていたが、それを「ヤンキー」や「不登校」など一言で言い表すには、あまりにも陳腐だった。この衝撃をどう表現したらよいのか、このドキドキの正体は一体なんだろうかなど、初めての撮影は、たくさんの宿題を私に残した。

個がもつエネルギー

北星余市に来る生徒の中には、そういったエネルギーを全力で活用している子もいれば、エネルギーを向ける矛先に迷いをもっている子もいる。撮影を始めてすぐに出会ったMちゃんは、芯の強さと心の揺らぎがいつも同居している子だった。彼女はとても人懐こく、先生方とも仲が良かった。しかしある日、どうしても納得できないことがあり、ある先生と徹底的に討論していた。「強い意志」で「とにかくぶつかる」と聞くと「キツそうな性格」という印象をもつかもしれないが、実際の彼女は「人懐こい」一面に加え、とても「繊細」な部分があった。元気な時には明るく晴れやかな表情であったり、持ち前の凛々しさを力強く見せてくれたが、そんな表情の中にもどこか影を感じるように写る時もあった。感受性が強く、言われたことをまともに受け止めて落ち込んだり、学校に来れなくなることもあったが、誰かが助けてくれるのをじっと待っているわけでもなかった。彼女は、疑問をいろんな立場の人にぶつけ、自分なりに解釈ができるよう自ら行動していた。また別の話になるが、彼女はある日「規則とは、そうすることで大人が楽をする」ということを考えたそうだ。「規則だということで子どもたちを思考停止に陥らせ、考える力を奪うのだ」と。しかしそこで絶望せず、「では、どうすればいいか？」と、次の解決法を模索し、納得できるまで投げ出さずに答えを探し続け、ついに「正解は白か黒だけではなく、その間もある」という結論に辿り着いた。時間をかけて「納得のいかないこと」や「多種多様な意見」という点をつむぎ、それらが線としてひとつに繫がった時、彼女は以前よりも心が軽くなったそうだ。「正しい面」や「間違っている面」、「その間の面」などと、様々な角度からものごとを捉えた結果、彼女自身の世間に対する見方が広まり、生きやすさにも繫がった。こうして自分の中の怒りや疑問を原動力に、世界に対する見解をひとつ獲得したということは、ものすごく大きな収穫だと思う。卒業から数年が経った今でも、探求心をもち行動し続ける彼女を見ていると、自分も奮い立たせられるし、そのような成長の過程を目の当たりにできたことは、カメラマンとしてではない私個人の人生観にも訴えてくるものがあった。

関係性の先に見えるもの

北星余市では、「人と関わり合う」ということがどこかのタイミングで必ず発生する。そこには、ドラマでよく見るような、先生と生徒のアツいぶつかり合いもあるが、そっとしておいて欲しい子の気持ちを尊重して静かに見守る（けれども、必要な時には助け舟を出す）という関わり方もあったりする。様々なバックグラウンドを持つ個人と個人、または個人と集団という関係性が、三年という月日の中でじっくり築かれ、折り合いのつかなかったもの同士の共生が、次第に成り立ってくるということにも注目したい。それは、通信制や家にいながらオンラインで授業を受けられるこの時代に、あえて、通うことが前提であるこの学校が存在している意味なのだと感じた。煩わしい他者との関わり合いも、「日常」となることで、次第に抵抗感が薄れていったという生徒の声もよく聞く。そうすることで、いつの間にか自分の外側へ連れ出されているのだ。個々のきらめきや突出したエネルギーは目を引くものがあるが、それと同時に、こういった、静かに確かに築かれていく関係性も写真に残していきたい。

正直、「仕事」で来ているのだから、目の前にいる子たちはただ「被写体となる高校生」だと割り切って、学校案内のパンフレットがそれなりに良く見えるようにコントロールして写真を撮ればいいのかもしれない。しかし、北星余市のいたるところで行われているように、対話を通して関係を築き、安心して写ってもらったり、関係性を通して見えてきた「その人らしさ」を写真に表出させたいので、学校ではたくさん話をしたいと思っている。来校のたびに友達のように話しかけにきたり、突進して抱きつきにくる子。抜けていることが多々ある私を気遣ってサポートしてくれる子。子どもを連れていくとかわいがって面倒を見てくれる子。はたまた、私を「良いカメラ」と呼び、画質の良い写真をくれると思っている子。ただじーっと見つめてくるだけの子。かと思えば、ひとまわり以上年の離れた私に「週末遊ぼう」と学校外でも関わりをもとうとしてくれる子。この六年間でたくさんの子たちと話し、仲良くなり、卒業式のたびにものすごく寂しい気持ちが込み上げるようになった。

生きやすい社会

多様性が認められている北星余市でも、最低限の約束事もあり、残念ながら学校を去っていく生徒もいる。家庭の事情、改善の余地が見られない素行不良、絶対にやぶってはいけない規則を守れなかったなど。しかし、どんなに驚く理由であっても、それはひとつの面に過ぎず、もうひとつの面では「仲良くなったあの子」なのだ。「そうか、そんな面があったのか」と思うようなことはあっても「裏切られた」とか「あいつは悪いやつだ」とは思えない。それは、北星余市という集団がそうであるように、ひとりの人間もまた、一言では表せないほど複雑で多様な面をもつ存在であるからだと思う。

北星余市は、他の高校とは違う部分もたくさんある。それは外から見るととてもいびつな形に見えるだろうし、そんなものは見たことがないので、初見で驚いたり、安易に受け入れ難いと思う人も少なくないだろう。しかし、そんな「違い」にこそ、社会がより良くなるためのヒントがあるのではないだろうか。人は多種多様であるからこそ、社会はどんどん強くなっていく。日々身の回りで起こる問題だけではなく、環境や食料の問題、世界情勢の不安定さなど、これからどんどん生きづらいと思うことが増えていくかもしれない。全員が同じ考えだと、困難に直面した時、解決の糸口が見つからないまま立ち止まってしまうかもしれない。けれども違う考えの人がいたら、別の解決策を思いつくかもしれない。自分と違う人間がいるからこそ、視野を広げたり、視点を変えてみることもできる。異なる意見の相手を理解するということは、ゆくゆくは自分も理解され、お互いを受け入れられるようになるかもしれない。それは「生きやすい社会」となって、いずれ自分に恩恵をもたらす。もちろん現実はこのような簡単な話ではないし、いくつもの考え方が複雑に絡み合っているからこそ争いは絶えない。しかし、誰かが発信した情報を鵜呑みにしたままでいいのだろうか。現地に足を運んで自分で見聞きしてくることは誰にでもできることではないが、色んな角度からものごとを見ることはすぐにでもできる。

　荒々しく突き出ている角が目立ったり、かと思えば手触りの良いつるんとした面もあったりと、北星余市はなんとも形容しづらい立体物に見えるかもしれない。しかし、その立体物をくるくる回しながら見ていると、その唯一無二の尊さや味わいなど、自分の中に新しい解釈がうまれるかもしれない。家で座ってメディアを見ているだけでは決して見えてこない北星余市を、現地に足を運び続けながら写真を通して伝えることで、視点のひとつになりたいと考えている。

ライフスタイル

二〇一八年度弁論大会最優秀賞　五三期　牧野　愛梨

残念ながら、素直で真面目な人ほどやられていく。

小学生のころ「授業中、椅子から立ってはダメだ」と言われて、昼休みですら椅子から動いてはだめだと真面目に考えていた。こうしてずっと見えない鎖で椅子に縛り付けられているような感覚が、もうこの頃には身についていた。

「人に迷惑をかけるな」と言われる。すると、人に頼ることとイコール人に迷惑をかけることと思ってしまい、頼ることをしなくなった。

こうして素直で真面目な人はどんどん追いやられていくのだ。

自由になると思っていた中学生になってみると逆にさらにひどくなった。ポニーテールの高さも決められ、眉毛をいじるのはダメ。男子に髪型を「ツーブロ（ツーブロック）にするな」と叱っている先生がツーブロだったり、バカだと思った。

「それはどうしてなのか？」と聞いてもみても「規則だから」としか返ってこない。結局何もわからない、理解してもらえない状態から飛び出すには反抗するしかなかった。

学校サイドはそうした子どもの気持ちを理解するどころか、ただただ押し付けるだけ。過ごしやすいようにできている決まりが、基準が先になり個人の性格（ライフスタイル）を勝手に作ろうとしているのだ。

誰のためなのか？

それは本人のためではなくて、管理しやすくしたいから……私が逆の立場なら、その人を納得させるなんて面倒くさくて、「規則だから」で済ませるだろう。

この時、今まで感じていた学校への不満が腑に落ちた。そうして素直で真面目にものごとを捉えてしまう子どもたちは、自分で考える事すらやめてしまい、自分のやりたいことすらわからなくなるのだ。やみくもに規則を押し付けることが、子どもからやりたいことを奪っていくということに気付いているのだろうか。

この間も命令にただ従うだけの選手を育てていた、某大学のアメフト部がマスコミに取り上げられていた。この問題ではやりたい事がある若者の将来が大人の都合で奪われてしまった。

このことに気付いたのであれば、これからどうすればいいのだろうか。私は「考え方を変える」ということしかないと思う。

しかし、考え方を変えるということはとても難しいと今回感じた。私自身、変えようにも、ながらく管理される教育を受けてきたので、それが身についてしまって、考え方を自ら作っていくというスキルがとても貧弱なのだ。嫌だった管理される教育にやはり影響をうけていることがショックだった。

であれば、いろいろな情報を集めるしかないと思って調べてみた。

まず一つの言葉に行きついた。

「こちらが正しいとかあちらが間違っているということは必要ない。その間にこそ答えがあってもいい」

こうした考え方は、今まで誰も教えてくれなかった。納得していないのに「あなたが悪いのだから謝りなさい」と言われることが多かったが、ただ謝るのではなくて、問題について話し合うことが大切だということがわかって、少し心が軽くなった。頑固な性格から、人の意見を聞こうともしないところがあったが、気をつけて人の意見を聞いて、理解して、受け入れなければとも考えた。否定から入るのではなくて、一度受け止めてみる時間を持つことで自分が楽になることもわかった。好きものは好きと言って、尊敬する人ができたら、その人に近づくためにその人の真似をした。なんでも一度は体験する・やってみるということが大切なこともわかった。

ふりかえってみれば、私は小さいころ、駐車場で走り回っていて「走ったらダメ」と言われて、なぜダメなのかよくわからなかった。車にひかれてはじめて「駐車場で走ったら車にひかれるからダメ」ということが身に染みてわかったのだ。

逆に、今は何かが起こる前にできないようにする。リスクを恐れ、危険から目を離し、遠ざける。そうすると体験したり、考えたりすることがまたできなくなり、最終的にやりたいこともわか

discussion

らなくなるのだ。

「素直で真面目な人はやられていく」と述べたが、それはものごとを適当に流すことができず、つきつめて考えていくから、いろんな事が起こるし、面倒くさいし、辛い事も起こるということだ。

だが、得るものは大きい！！

これまで自分を変えようとして、いろいろな考え方があることに気づいて、少し世の中が広く見え、変わることができた。

それを続けるために、私は海外に行ってみたいと思っている。そこには日本にはない、全く違った考え方・体験があるはずだ。

今は何も決まっていないが、やりたいことはたくさんある。

常に変わることをおそれずに、進んで行きたい。

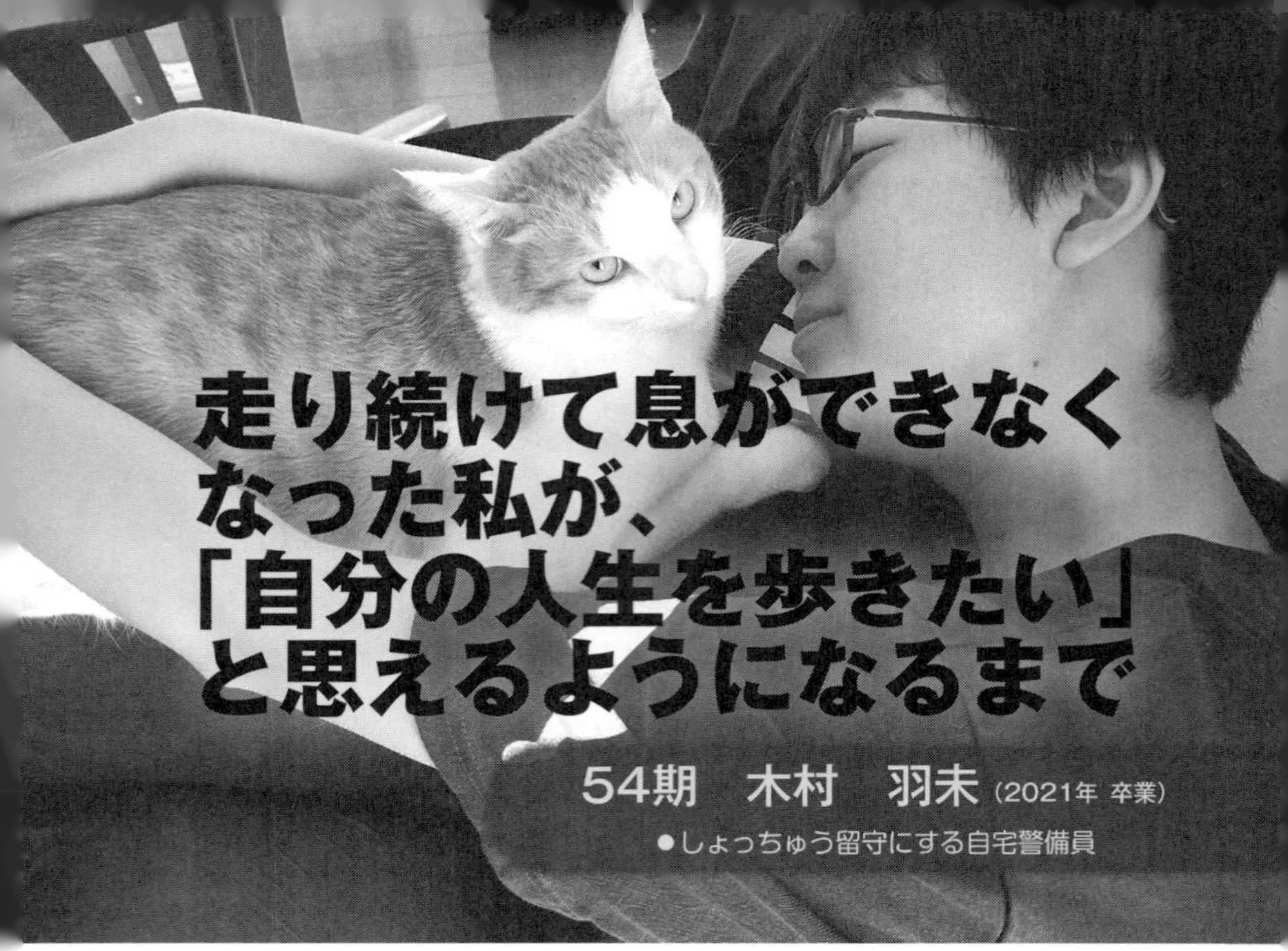

走り続けて息ができなくなった私が、「自分の人生を歩きたい」と思えるようになるまで

54期　木村　羽未（2021年 卒業）
●しょっちゅう留守にする自宅警備員

「いい子」になりたかった。ほめられたかった。頑張らなきゃ。もっと頑張らなきゃ。
——頑張るって、なに？
そんな自分にしつこくかかわって入りこんでくれた人たち。
そんなしつこさが、自分を大嫌いだった私を、少し楽にしてくれた。

私はずっと、なんでも頑張れるいい子になりたかった。褒められたかった。怒られたくなかった。でも、精一杯頑張っても褒めてもらえなかった。何かやるたびに怒られた。「やればできる子なのにもったいない」「もう少し頑張りなさい」と言われる毎日。私は、今まで自分に甘すぎたのかもしれない。周りの子は、私よりずっと頑張っていたのかもしれない。だから、もっと頑張ることを自分に強制した。勉強も運動も人間関係も。小学二年生で学校の勉強についていけなくなった私にとって、学校は地獄だった。学校と自宅が世界の全てだった私は「落ちこぼれの自分は人生終わってる、学校にとって私は邪魔な存在だ」と感じるようになった。「私はダメな子だから、今の苦しい状況は自業自得なんだ。それならもっと頑張らなくちゃ」と思った私は、自分自身をどんどん追い込んでいった。追い込まれている状態はある意味楽だった。息苦しさや痛みで悲鳴をあげる心身に気づかずに、思うままに自分自身をこき使えたから。だけど、いくらあがいても、現状は良くなるどころか悪化していった。

中一の冬休み明け初日、私は体調不良を理由に学校を休んだ。もう頑張れる気がしなかった。本当は、ずっと前から頑張ることが辛かったし、何をどう頑張ったら良いのかも分からないまま闇雲に走っていた。しんどかったし、困っていた。それなのに、私の「精一杯の頑張り」は、周りから評価されなかった。それどころか「もっと頑張りなさい」と追い打ちをかけられた。もし今までの自分が、周りから見て頑張れていなかったのだとしたら、「頑張っている状態」はどれだけしんどいんだろう、あとどれだけ走ればたどり着ける域なんだろうと思った。そして同時に自分に失望した。出来損ない、役立たず、怠け者。そう思ったら途端に、首を絞められたような苦しさが襲ってきて気が遠くなり、視界は涙で滲んで見えなくなった。

中二から通ったフリースクールでは、今までの反動が一気にきて、荒れに荒れた。自分がどんどん嫌な奴になっていくのが分かった。でも制御できなかった。どうしたらやめられるのか分からなかった。このままの自分じゃ嫌だったけど、自分自身の弱さに向き合ったり、周りに相談するなんてことは怖くてできなかった。今の自分は嫌な奴で、助けてもらう価値なんてないけど、でも、どうしたらいいのかが本当に分からなくて、途方に暮れていた。中三の一一月になっても、私は自分の進路について考えることから逃げ続けた。自分を知る勇気が出なかった。知ってしまったら、自分に失望するに決まってるし、自分が壊れると思った。自分を知ろうとすることは、私にとって自傷行為でしかなく、自分を守るためにも絶対したくなかった。今残っている小さくてボロボロの自己肯定感だけは守っていたかったから、過去も思い出したくないし、まだ見ぬ未来について考えるのも怖かった。

北星余市という名前を知ったのはそんな時。地元で教育相談会が開催されるというチラシを見た。その時、教育相談会には参加しなかったけど、北星余市が気になりだしている自分がいた。そして年が明けた一月、急にスイッチが入った。北海道のことも北星余市のことも何も知らないけど、とにかく行きたいと心が叫び、それ以外何も考えられなくなった。多分、未来のことを考えるのが怖すぎて、どうにかワクワクで心を埋め尽くしたかったんだと思う。その衝動のまま学校見学に行き、その勢いで二月の面接に臨んだ。本心むき出しの言葉を初対面の面接官にさらけ出すのは絶対に嫌だったので、面接本番は「変わりたい」「学校に行けるようになりたい」と、ありきたりな言葉を並べまくって乗り切った。その言葉も本心ではあったから、嘘はついていないことにした。

私は北星余市に入学し、高校生になった時、これ以上自分が周りに傷つけられることのないように、今度こそ「頑張る」のだと決断した。せっかく私の過去を誰も知らない北海道に来たのだ。もう間違わない、やり直したい。頑張ってるって周りに認めてほしい。認めてもらえたら、それは相手の期待に応えられたということ。嫌われなくて済んだということ。認めてもらえて初めて、私は生きていても良いんだって思える。そう信じていた。だけど、担任の本間先生の反応は思っていたのと違って、私に「頑張りすぎ」「力を抜け」と言ってきた。別に本間先生は、私の頑張りを認めてくれなかった訳じゃないし、ついに私は学校の先生からの「頑張れ地獄」を抜け出せたのだ、と思ってホッとした。だけど、同時にモヤモヤした感情にも襲われた。本間先生は、私に頑張ることを期待してないように思えたから。頑張ることを、私が「本当はしんどい」と思っていること、そして、その気持ちの蓋が開かないように押さえつけてきたことが先生に見透かされているような気がして、感情がグチャグチャになった。でも、その中で私は「この先生なら私のことを助けてくれるかもしれない」と思ってしまった。そのせいで一気に、今まで押さえつけていた感情が溢れそうになった。だから必死に押さえつけた。しんどい気持ちなんて頑張る上で邪魔でしかないのに、ちょっとしたことで溢れそうになるから大嫌いだ。私の心の中で暴れまわって傷をえぐるし、頭の中をうるさくするし、胃を気持ち悪くさせるから最悪だ。だから、蓋は開けたくない。頑張れなくなるから。「私は頑張ることをしんどいと思うようなダメ人間じゃない」そう思っていたかった。

そして、私は知ってしまった。周りから気にかけてもらえることや、心配してくれることの嬉しさを。頑張っていれば、自分に失望しなくて済むし、周りの人が私のことを見てくれる。頑張ることをやめたら、もう気にかけてもらえないかもしれない。それがすごく怖かった。いつも完璧な自分でいれば、ずっとこっちを見てくれるのではないか。そう思ったら、先生から「頑張りすぎ」と言われる状態を保つことが正しいように感じられた。自分ではもう、何をどう頑張りたいのか、そもそも頑張っている状態の定義はどこなのかも分からなくなっていた。でも、周りから見て私が頑張りすぎているのであれば、それは間違いなく私が頑張れているということになる。周りから「頑張りすぎ」と言われなくなったら、それは私の頑張りが足りないということだ。それなら、もっと頑張ればいい。そうすれば、良い子だって周りに思ってもらえるから。「頑張る」という言葉の意味もよく知らないけど、とにかく私は頑張っていればいい。それが自分を守る唯一の方法なのだから。

そんな苦しい考え方しかできなかった私に、本間先生は本気で向き合ってくれた。自分が変わっていくことが怖いと感じて動き出せなくて、でも変わりたくて、そのどちらもが本当の気持ちだった私のことを分かってくれて、「変われない私」よりずっと奥の、「不安や恐怖でいっぱいの私」と、じっくり時間をかけて話をしてくれた。結局、私は北星余市を卒業するまで「頑張る」ことへの執着をやめられなくて、「頑張りすぎ」「力を抜け」という言葉は三年間、通知表に書かれ続けたけど、本間先生は私のことを見捨てたりしなかった。時間は待っていてくれなくて、私は卒業までには変われなかったけど、本間先生は私を無理やり変えようとはせず、私が自分の意志で変わるのを諦めずに待っていてくれたように思う。私は北星余市で、「自分は頑張れないダメな子なんだ」という人生最大のコンプレックスを、三年間という長い時間をかけてやっと、手放すことができた。

とはいえ、爆発的に頑張って燃え尽きることを繰り返した三年間だった訳で、「こいつの高校生活楽しくなさそうだな」と思われてしまうかもしれないが、そんなことはなかった。控えめに言って、結構楽しんでたと思う。それは、やっぱり友達の存在が大きかった。自分調べだが、「青春」を感じる経験は人並み以上にさせてもらったのでは、なんて思ったりする。北星余市に入学するまで私は、人間関係とは取り繕って外面で付き合っていくものだと認識していたけど、いつの間にか言葉の中に本音を混ぜている自分がいたし、泣いたりムキになったりと、ニコニコする以外の感情が表に出ることが増えた。友達があまりに真っ直ぐな思いを言葉にするから、あまりに私に向き合おうと本気になるから、私も自分と向き合わざるを得なくなった。と言うとやれやれ感があるが、実際は、私が自分と向き合う勇気をもらったのだ。私は、自分の思い通りに動いてくれない身体も頭も心も嫌いだったので、割と本気で息の根を止めてやろうと思っていたのだが、そんな野望を口に出すと、友達を悲しい気持ちにさせてしまう。何度も同じ失敗を繰り返してしまったけど、その中でやっと「友達は私のことを大切に思ってくれているから、否定されたら悲しくなるんだな」ということに気づいた。しかし「じゃあ、相手を傷つける言葉さえ使わなければ良いんでしょ？」と思っていた私は、二年生の冬にやらかしてしまう。私のしんどさを知ろうとして、本気で向き合おうとしてくれた友達に、私は「そんなの知る価値もない情報だよ〜」なんて笑って返した。だって、相手に困ってほしくなかったし迷惑かけたくなかったし。遠慮っていうか、気遣いのつもりだった。だけど、友達からの返事がない。私は「あれ？」と思い、友達の方を見て、衝撃を受けた。笑顔だけど、悲しんでるってなぜか伝わる顔をしていた。私は、「もしかして相手を傷つけたのか？ 気を遣って言葉を発したのになんで？」と大混乱したが、友達からの「打っても響かなくてしんどい」という返事を聞いてハッとした。考えてみると、私がその友達の目を見たのは、その日が初めてだった。それまで、私は会話するとき、相手の目どころか相手の方向すら見ていなかった。「私は今まで、相手じゃなくて聞こえてくる言葉とだけ会話していたんだな」と思うとショックだった。「これからは、相手と話がしたい。もっと相手の表情や心を知りたい」と思うきっかけになった出来事だった。他にも、沢山の友達が、私の視界や世界を広げてくれた。長期休みや体調不良などで地元に帰った時、学校がどうでもよくなってしまうくらいに周りが見えなくなったことがあって、北星余市を辞めようと思ったことが何度もあった。なのに結局、出席日数が足りなくなるギリギリのところで私は毎回北海道に戻ってきた。それくらい、私は北星余市の友達に救われてきた。

私は先生からも友達からも大切にしてもらえて、やっと、自分の人生を生きて楽しい学校生活を送ることに抵抗がなくなっていった。だけど、他にも問題は山積みだった。私はささいなきっかけですぐに体調を崩すし、欠席のしすぎで単位は危ういし、食べることが苦手で飲食を拒むしで、周りから見てハラハラする生徒だったと思う。でも、そんな私の生活を、寮母さんが入学から卒業までずっと支えてくれていた。思えば、下宿先の決め手は寮母さんの雰囲気だった。学校でのしんどさや実家でのしんどさを、寮母さんにだけは最初から話せていた。自分の発言で相手が困るのを恐れて、思いを伝えることを我慢していた私の、言語理解や表現力の豊かさを最初に褒めてくれたのが寮母さんだった。食事の面でも、寮母さんには本当にお世話になった。私の感覚過敏や偏食も否定せずに、私が安心して食べられる料理を沢山作ってくれた。今でこそ食べることへの苦手意識は薄れたけど、当時はひどかった。調子が悪いときは、食べても身体が受け付けずに戻してしまうのだから食べない方がマシだと思っていた私に、寮母さんは一口サイズのおにぎりを作ってくれたり、病院で点滴を受けている間ずっとそばにいてくれたりした。食べられた時は喜んでくれたし、食べられなくても私を責めたりしなかった。そして、できることを全てやってくれたうえで、「これ以上食べずに寮にいることは危険だ」という判断をしてくれたから、実家に帰ることになった時、私は「寮母さんに見放された」と思い込まずに済んだ。私は、寮母さんの料理自体は大好きだったので、「食べること」のハードルが低い時期は寮母さんの作ったご飯を食べることが毎日の楽しみだった。自分では自覚がなさ過ぎたから逆に恥ずかしかったけど、本間先生に言わせれば、私は「親にこっちを向いてほしくて拒食した」という側面もあったみたいなので、本当に一歩間違えれば、摂食障害になってしまっていたのかもしれない。そう考えると、寮母さんの存在にどれだけ救われてきたかが分かる。寮自体もそうなんだけど、寮母さんと話す時間が私の居場所になってくれていた。

と、またまたここまで、私がどれだけしんどかったかについてばかり語ってしまった気がする。でも、楽しい時間も確実にあった。例えば、先輩から誘ってもらった浜へのお出かけはドキドキしたけど楽しかった。私がボケると後輩が可愛く笑ってくれるのがすごく嬉しかった。やだやだと言いつつも、先生方との時間も結構楽しんでいたと思う。私が学校を脱走したときに追っかけてきてくれた先生がいた。割と嬉しかった。じゃんけんで遊んでくれた先生、困りごとがあって挙動不審を極めていた私に声をかけてくれた先生など、思い出したらキリがないのだが、とにかく色々な先生と色々なことがあった。私は、先生の前でなかなか素直になれなかったけど、北星余市の先生方と関われた日は、嬉しくて下校の足取りが軽かった。とまあ、私だって一丁前に北星生活を楽しんでいたのは間違いないのだが、私は

54期　木村羽未

達成感を胸に元気に卒業することができなかった。心身ともにボロボロで、進路も決まらないまま卒業式を迎えてしまった。北星余市での三年間、走り続けるための理由として「頑張ること」だけを視界に入れて走ってきたけど、満身創痍の今の状況は果たして本当に自分が望んだ結果なのかはよく分からなかった。でも、後悔もない。それは、北星余市に入学する時に決めた、自分を守るために「頑張る」という約束を最後まで守り通せたこと、そして在学中に芽生えた「叶うなら五四期で卒業式を迎えたい」という思いを夢の話で終わらせなかったことが大きな理由だと思う。もしも私が、高校在学中に頑張ることのしんどさから解放されていたら、私の高校生活はもっともっと楽しくなったのかもしれない。実際、在学中の私もそう思っていたから、頑張ることをやめようって何度も思ったけど、結局それはできなかった。でも、実は少し嬉しい気持ちでいる。なぜかというと、中学生までにさんざん傷ついてきた私がこれ以上苦しまないように、高校生の私が全力で守ってくれたから。だから、まずは「よく頑張ったね」と自分で自分を認めたいと思う。次に、高校生の私のことは、北星余市の先生や友達、寮母さんなど沢山の人が優しく守ってくれたことを忘れないようにしたい。そして、これからは過去だけじゃなくて今の私や未来の私も、大切にしていきたい。

そのために、今の、北星余市を卒業した私だからこそ言える言葉をここに残したい。きっと、高校在学中の私にこれを聞かせたら混乱させてしまうから、どちらかというと今と未来の私へ。そして、「無理をすればできるなら、自分を削ってでも頑張ろう」と思うことが正しいと感じたことがあるあなたへ。じゃあ、まず想像してみてほしい。「木村羽未」が今の記憶を保持したまま、五四期の三年生からやり直せたとしたら、どんな選択をするか。多分だけど、頑張っちゃうと思う。だって、まだその生き方しか知らないから。だから、今度は「他の生き方を一緒に考えてほしい」って相談してみると良いかもしれない。私は「もう間違わない」と決めて北星余市に入学したけど、それは今まで失敗が許されない環境にいたことや、自分一人で乗り越えなくちゃいけないという不安や恐怖があったからだと思う。だけど、私が自分に失望して諦めそうになっても、本間先生は私のことを見切らなかったよね。「間違っちゃいけない」「見捨てられる」「一人で乗り越えなくちゃ」という思いは鎧や盾になって私を守ってくれることもあったけど、同時に、失敗するのが怖いと感じて、挑戦の足かせになってしまうこともあった。北星余市での失敗は、自分の存在価値を下げるものじゃなくて、起き上がり方を教えてくれる学びの機会だと考えると、ちょっと怖さが薄れるんじゃないかな。

次に、「頑張りすぎ」「力を抜け」についてだけど、別に本間先生は「テスト勉強を全くするな、それで赤点を取れ」なんて一言も言ってないでしょう？　自分の脳内変換バグには私もビックリだけど、例えば、テスト範囲の問題が理解できない時、「全部自分で何とかしなきゃ」じゃなくて、「先生や友達に聞いてみよう」と思うことが力を抜くための一歩になるんじゃないかな。もしかしたら、私にとっては「できないから助けて」って言う方が、全部一人で抱え込むことよりもずっとしんどいし、頑張らなきゃ、って思うかもしれないけど、そこは倒れない程度に頑張ってみてほしい。そのかわり、全部一人で抱えていた頑張りはその場で下ろして大丈夫。きっと、「助けて」を頑張った先には「生きやすさ」が待っているし、そのために頑張るのは苦しくないと思う。まあ、緊張したらちょっと息苦しくなるかもしれないけど。もし、相手に断られたとしても、それは見放されたわけでも自分に価値がないからでも無いよ。ただ、タイミングがたまたま合わなかっただけ。北星余市には、助けてくれる人がたくさんいるから、焦らなくて大丈夫、助けてくれる人が必ず見つかるよ。

そして、ここで勘違いしてほしくないのが、相手の期待に応えるために力を抜くんじゃなくて、自分の生きやすさのために力を抜けるようになってほしいということ。北星余市に入学するまでは何をしても怒られてきたから、相手の機嫌を伺って、相手が求める正解を一生懸命探しちゃってたけど、本間先生が私に聞いてきたのはいつも「自分の中にある答え」だったよね。先生の言いなりになって力を抜こうとしても、上手く力は抜けないし、心がしんどくなっちゃうと思う。先生の言葉を無理やり自分の中の正解にするんじゃなくて、先生の言葉をヒントに、たくさんチャレンジを重ねて自分の中で正解探しをしてみてほしい。三年生の時に北星祭の合唱で歌った、RADWIMPS「正解」の歌詞をもう一回よく味わってみると面白いかもしれない。

あとは「怒り」の感情について。私は、怒りの表現が下手で、人間関係にも悪影響があったから、北星余市では怒りの感情は封印すると決めていたよね。私は「怒り＝絶対悪」だと思っていたから。だけど、北星余市の先生方って、怒りの表現が上手かったように思う。って書き方をすると、「北星の先生ってそんな毎日ガミガミ怒ってんの⁉」と誤解されそうなので先に解いておこう。なんというか、「あー怒ってるな……」とはならず、「あ、先生の大切にしていることがないがしろにされてしまったんだな」と、ハッとなる感じ。もしこの先、私が何かに怒りを感じたのだとしたら、きっとそれは「今の私が本気で守りたいもの」なんだということに気づくきっかけになると思う。だからこれからは、怒りを爆発させたり押さえつけるのではなく、将来上手く付き合えるように練習してみると、もっと自分自身を良く知れるんじゃないかな。「最近は心がしんどくないな」なんて感じた時にでも、ぜひ意識してやってみてほしい、なんて思ったりする。

ここまで、私の想像に付き合ってくれてありがとう。付き合わせといてなんだけど、私は二〇二一年の三月に北星余市を卒業しているので、もう在校生としては戻って来られない。でも、じゃあ今から北星余市以外の場所でそれらを実践すれば良いじゃないか、とも思う。まあ、難しいとは思う。北星余市で三年間過ごしてやっと得た気づきを、北星余市じゃない新たな環境で活かすのは。だから、どうか焦らずじっくり取り組んでみてほしい。その時、「失敗したからもう生きていけない」とか、「先生や友達に迷惑かけたくないから相談できない」なんて閉じた考えに逃げることはなるべくしないでほしい。でも、もしそうなってしまっても、周りが見えるようになるまで「少しの間休む」という選択ができれば、すぐに全国に仲間がいることを思い出せるからそこは安心してね。北星余市を卒業した今も、急に心がしんどくなることなんて日常茶飯事で、そのたびに良くない方へ考えが向かってしまうけど、それでも入学前よりは確実に生きやすくなった。自分のことが大嫌いだった私に、入学から卒業まで、なんなら卒業して三年たった今も（めっちゃ良い意味で）しつこく関わってくれる仲間がいる。私は、北星余市に入学して出会えた「しつこさ」を抱きしめて、自分の人生にしつこく付き合ってみることにした。「頑張らなくちゃ」と重い荷物を背負い込むわけでも抱え込むわけでもなく、北星余市で沢山の人にそうしてもらったように、今度は私が自分にじっくり時間をかけてしつこく向き合ってみようと思う。そして、遠い未来の話かもしれないけど、いつか私も誰かの人生にしつこく関わる日が来たら、それも面白そうだと思う。この世界は、私が思う世界よりも、ずっと広いことを知った。だから、世の中にはまだまだいると思うのだ。私と同じように「しつこさ」で救われる、私のような変態が。

まんまと乗せられたおれ

54期　西田 テオ（2021年 卒業）

●偶然も必然も拾いすぎて腕パンパンです

ハーフでなくダブル。自分のルーツをさらけ出すきっかけをくれた担任と、まるで偏見のない仲間たち。ルーツを受け入れ、それが自信となった時、両親の思いも心に沁みた。北星で学ぶ楽しさを味わい、自分の奥底から呼び起こされた力と思いを胸に、これからも進んでいく。

はじめに

私は二〇一八年の四月に北星に一ダブで入学しました。「ダブ」とは「ダブり」の略で、北星の子達は一五歳時にストレートで入学した子を「現役」、中学卒業の一年後に入学した子を

「二ダブ」「三ダブ」…と呼びます。上記から見てわかる通り私は中学校を卒業した一年後に北星に入学しました。一度兵庫県内の高校に進学したものの一年で退学し北星に一年生から再入学したという形です。

北星余市に来た理由と来る前の自分

私が北星に一ダブで入学したのは、当時通っていた兵庫県内の高校で一年生から二年生に進級できなくなった事と、家を出たかったのが理由です。私は中学生の後半から高校一年生までよくない時間を過ごしていました。多くの事の積み重ねにより親子関係が良く無かった事が原因で、家での居心地を悪く感じており、夜間家に帰らない日もよくありました。その間、特に〝やんちゃ〟や〝非行〟をしていたわけでもなく、ただ夜出歩いたりしていただけでした。そのような行為をするに至っていた理由は、ただ〝家に帰りたくない〟という気持ちだけでした。

私が最初に通っていた高校は偏差値が50前後のよくある一般的な高校でした。そのため授業に出席をしているだけでは単位を取るのは不可能でテストの点数も進級に大きくかかわってきます。当時私は、遅刻は多かったものの出席だけはほぼ毎日していました。しかし放課後から夜間家にいない日も多かったために全然勉強をしておらず、テストの点数は悲惨でし

まんまと乗せられたおれ

54期　西田テオ

た。また提出物を出していない等、出席以外の事を全然していなかったために多くの科目の単位を落とし、結果留年が確定しました。親は通信制高校を勧めてきましたが、私はここにいても何も変わらないのはわかっていたので家を出る事とやり直す事を優先事項と考えて北星に行く事を志望しました。

初めは反対されましたが、最終的にはわかってくれ、高校を辞めた次年度の四月には北海道の余市町にいました。

来てどうだったのか

私は北星に行って本当に良かったと思っています。そのように思う理由は具体的には「北星での三年間がとても楽しかった」「新しい知識を得ることを楽しいと思うようになった」「主体的に自他のために頑張る事の楽しさを学んだ」「自らのルーツを受け入れ、自信を持った」の四つがあります。

まず初めに一つの目の項目「北星での三年間がとても楽しかった」について書きます。北星余市での三年間はなんと言っても本当に楽しかったです。毎日学校生活が楽しく、一ヶ月間の長期休みが嫌だったほどです。北星での学校生活は非常に居心地が良く、三年生の時にはクラスメイト全員が仲良く行事も一丸となってできるクラスでした。今思い返してみても、あれほどの質のいい集団に、高校のクラスがなるのは珍しいと感じます。また休み時間や放課後になると職員室に集まり、先生達と話します。これは北星ならではの時間の過ごし方だと思っています。こういうところに北星が先生と生徒の距離が近いと言われる理由が詰まっていると考えます。先生が生徒と業務上でしか関わらなかった場合、どうしても信頼関係は築きにくいと考えています。北星の目指す教育上、先生と生徒の信頼関係と距離の近さは非常に大きな利点になりますが、それは今だから全ての事に理由がある事を気づけるわけで、当時のただ楽しい、面白いが原動力になっている自分達で気づく事は少なかったのですが、うまく物事はできていたのだなと、余談ですが気づかされています。

また、学校以外でも余市町で楽しい時間は多くありました。余市町は自然が豊かで田舎である性質上、北星の子達が集まる場所といえば「浜」になります。「今日浜行こー」と自然な流れで浜に集まります。平日の夕方には、浜の端から端まで歩いてみるとおそらく何人もの北星の生徒を見つけられると思います。また、遊ぶ内容も田舎ならではであり、ただ集まって話す、ラップバトルをする、焚き火やバーベキューをする、釣りをするなどがあります。釣った魚をその場で焼いて食べるのがとてもおいしかったです。このように田舎のメリットを存分に使った遊びを私達はしていました。

まんまと乗せられたおれ

54期　西田テオ

また寮、下宿の生活も北星の事を語る上では欠かせないと考えています。私は三年間みなと下宿で生活をし、そこでの生活を大変気に入っていました。下宿生活をすると、自然と下宿の管理人さん、先輩、同級生、後輩とのコミュニケーションが生まれます。夕ご飯の時にはその日の出来事をシェアしたり、寝る前の時間にみんなで映画を見たり、ゲームをしている子達もいました。また休日にはみんなでどこかに出かける事も多かったです。他の下宿の友達と遊ぶ時にそれぞれが下宿の後輩を連れてくるので、自然と大所帯になり新しい関わりが生まれるのも特徴の一つです。このように目の前の面白い、楽しいに従って遊んでいると自然と人と人が繋がっていき、より楽しくなるのも北星の特徴だったと思います。全校生徒も少なく、生徒全員が顔見知りであり、三年生になると基本的に全校生徒の顔と名前は一致します。

次に二つ目の理由、「新しい知識を得ることを楽しいと思うようになった」についてです。私は北星で初めて勉強が楽しいと思うようにもなりました。それまでは勉強は嫌いでしたし、そこまで勉強をしてきませんでした。また勉強はできないと思い込んでいました。しかし、ここで知らなかった事を知るという事がどれだけ楽しいかを知り、楽しく授業を受けるようになりました。最も大きなきっかけは二年生の時に受けた世界史の授業です。世界史を担当した吉田先生は、教科書や教材に書かれている事以外にも多くの事を教えてくれました。特に時事問題が多く、「こういった見方があるんや」と社会で起きている物事を違う視点で見る面白さを知りました。そして社会科、特に国際社会に興味が出て、もっと学びたい、もっと社会についていろんな事を知りたいと思うようになりました。そのことから大学に進学することを決断し、現在は国際社会についてと語学（英語、フランス語）を学ぶとともに、中学社会科と高校公民科の教員免許を取得し将来社会科の教員になる事を目指しています。

次に三つ目の「主体的に自他のために頑張る事の楽しさを学んだ」についてです。

私は、北星の二年生の時期に大きな転換点を迎えたと考えています。それまではとても自分勝手な生活をしていました。二年生の前半まで私は授業中に大きな声で友達と会話をし、授業を妨害していました。当時は周りから言われても自分達がやっている事の重大さには気づかず、自分達が楽しいという理由だけで続けてしまっていました。私達のクラスは、自分達のせいで授業態度が悪く授業が進まないという事で、放課後に有志のメンバーで話し合いになりました。私はそこには参加していませんでしたが、私達が授業の妨害をしている事が話題にあがり、解決策を模索する段階で、「関わりたくない」「嫌い」と言われている事を知りました。後から考えると至極当然の結果ですが、当時の私はそこで驚き、そんなに思われ

まんまと乗せられたおれ

54期　西田テオ

てたんか、とようやく気付きました。

また同時期、私にとって大きな二つ目の転換点となる出来事が起こります。それは最も仲が良かった友達の一人が薬物により退学になったことです。その子は余市で薬物に関わっていたわけではありませんでしたが、地元の人間関係の中で薬物に関わったと学校側に判断をされ、その事が理由で退学になってしまいました。当時それが本当に悔しく、そして寂しかったのを覚えています。私はこうなってしまった原因の一つに私達の人間関係も影響していると考えました。私達は普段から一緒に過ごすことが多い中で、あかんことを注意しあえずにいました。先述の授業妨害もその大きな一つです。また私達は浜でラップバトルをすることが多く、その中で薬物の話題が出てくることも珍しくありませんでしたが、なぜかラップ上では良いと思っていました。私たちの日頃の会話やラップバトルの内容から私はその子が地元で薬物に関わっている可能性があることをうすうす感じてはいましたが、このことについて何も追求しませんでした。よくない事なのは間違いなく気づいてはいましたが、その事に対し追求し、向き合おうとは思いませんでした。もし当時、問題になる前に向き合えていたら、結果が変わっていた可能性は大いにあったと後悔しました。

このようにあかんことをあかんと言えず、ましてやあかんと気づかず、そのまま自己満足の楽しさに浸り続け、周りに迷惑ばかりかけ続けているこの環境では、また誰かがあかんことのラインを越えたとしても気づくことは出来ず、仮に気づいたとしても向き合う事が出来ず、また仲間を失う可能性があると考えました。そこで本格的に日々の生活態度から改善していこうと決めました。そして一番初めに始めたのが授業中に余計なことを一言も話さない事でした。しかし、今まで多く話していたものをいきなり静かにする事は当時難しかったので、うるさくしてしまっていた友達と、授業の四五分間一言も話さない、先に話した方が負けというゲームをしました。ゲーム形式にすることによって静かにする動機を「負けたくないから」にでき、結果的にそれがみんなの為、そして自分達の為になると考えました。実際負けたくなかった自分達はゲームを始めたその日の授業中本当に発表以外は一言も話しませんでした。しかし帰りのＨＲ（帰りの会のようなもの）で「テオとＲ太（共にうるさくしていた友達）が授業中にうるさかった」と言われてハッとしました。その日の授業中は確実に話していませんでしたが、日頃の行いでうるさい人というイメージを確立してしまっている事に気づき、改めて本気で改善しようと思いました。

またこの頃から授業で静かにするのはもちろんのこと、行事の準備も積極的にするようになり、その楽しさに気づきました。ちょうどそのころ強歩遠足（全校生徒が三〇㎞、五〇㎞、

まんまと乗せられたおれ

54期　西田テオ

七〇㎞、から歩く距離を選び完歩を目指す行事）の開催が近づいており、クラスメイトの数名が教室に残り作業をしていました。今まで毎日のように一緒に放課後に浜で遊んでいた友達が退学し、放課後特にやることがなかった私は何となく参加をしました。看板にペンキで色を塗る作業をし、それがとても楽しく一年生の頃ぶりに積極的に放課後教室に残って作業をしていました。またその後もクラスで何かを作るとなると積極的に参加をするようになっていきました。みんなで協力して作業をする事やみんなのために自分も頑張る事、学校で意欲的に何かをするという事が楽しくなっていきました。その事がのちに生徒会活動を一年間通してする事になるきっかけになりました。

私が生徒会選挙に規律委員長として立候補した理由は主に二つありました。

一つ目はみんなに学校を楽しんで欲しかったからです。その年度の初めに前述の最も仲が良かった友達の一人が退学したことにより、これ以上退学者を出したくないと思い、居心地がよくみんなが楽しめる環境を作りたいと思っていました。当時私は学校生活をとても楽しんでいました。その頃になると迷惑になる事はやめており、素直に日々の学校生活を楽しめていました。その大きな理由に友達との関わりや行事などへの積極的な参加が挙げられると考えています。北星では生徒会執行部になると日頃から行事を開催する事ができます。例えばバレーボール大会であったり、教室で開催するスマブラ（Nintendoのゲーム機を使う複数人対戦型のゲーム）大会、雪まつりであったり、ピザやスコーンを焼く行事等があり、それを通して普段関わっていなかった人と関わるようになり、人間関係が広がる事が期待されます。私はそのような行事へ積極的に参加していましたし、人間関係の幅も広がったので、この楽しさをもっとみんなに知ってもらいたい、自ら企画する行事を通し人と人を繋げ、今学校生活を楽しめていない人は楽しめるように、既に楽しめている人はもっと楽しめるようにしたいと思い生徒会選挙に立候補し、生徒会執行部になりました。そしてその信念で、生徒会を一年間続けて、数多くの行事を企画、運営をし、学校をより楽しい場にできるように精進しました。

いくつかある生徒会執行部の役職の中で私が規律委員長になった理由は、生徒会になる事を決意した二つ目の理由である「盗難を0にしたい」でした。

私が二年生の時、北星では盗難事件が多発していました。それも数件ではなく一〇件、二〇件単位でありました。具体的にはクラス、学年を問わず教室や体育館に置いていた財布や携帯が盗まれるというものです。私は盗難がある環境では、少なからず無意識のうちに周りを疑ってしまうと思っており、学校生活を安心して心から楽しめる環境とは程遠いと考え

まんまと乗せられたおれ

54期　西田テオ

ていました。そこで私は規律委員長に立候補し、盗難0を目標に掲げました。当時選挙に出るにあたって私が盗難0を達成するために掲げた公約は、鍵付きのロッカーを設置する事、口頭やポスターにより盗難を予防するために呼び掛けていくこと、盗難を絶対に許さない雰囲気を学校全体で作る事でした。結果的に選挙に当選し規律委員長になった後、校長先生と協議を重ね全校生徒分の鍵付きのロッカーを設置し、全校朝礼で盗難防止を呼びかけ、盗難0を実現することができました。

最後に四つ目の「自らのルーツを受け入れ、自信を持った」についてです。

私はフランスで生まれ七歳時に日本に来た、日本とフランスのダブルです。私が日本でよく使われている「ハーフ」ではなく「ダブル」を使うのは、ルーツが二カ国以上あったとしてもそれは半分になるわけなく、両方のルーツを持っていると考えているからです。私は小学校、中学校で純日本人でない事を理由にからかわれたことが幾度となくありました。時には「外人」と言われることもありました。私の考えでは、生まれは日本ではなくとも、片方の親が日本人であり、日本語が第一言語である自分は「外人」じゃなく、「日本人、フランス人」だと思っていました。いかなる外的要因が存在したとしても、ルーツが無くなる、またはは小さくなる事はないと信じていましたが、小学校で外人とからかわれるのが嫌だった私は中学校に入学してからは「俺は日本人や」と言うようにしていました。私の西洋風の顔とカタカナの名前ではそれは無理があったのですが、せめてもの気持ちでフランス語を話せないふりをしていました。少しでも日本人以外の要素を減らしたかったのです。そして、いつの間にか自分自身でフランスのルーツを否定していました。

北星に入学しても私は変わらず、フランス語は話せないふりをしていました。クラスで誰もがそれを信じており、私はその環境を居心地がいいと思い込んでいました。しかしある日、当時担任の本間涼子先生（以下涼子）に偶然フランス語が話せる事が知られる事になります。二年生の新学期が始まってすぐの四月に私は春休み中の飲酒が原因で謹慎処分を受けることになり、通称「謹慎の館」と呼ばれるあったべやへ行くことになりました。ここでは、謹慎を受けた生徒がその謹慎期間中に住み込みで、酪農家の下で牛の糞尿掃除やまき割りを一日中します。また一日に一度担任の先生がやってきて面談をします。その時に突然「あんたほんまはフランス語話せるやろ」と言われました。詳しく聞くと、謹慎の連絡をするために私の家に電話をかけると、フランス人の私の父親が電話に出ましたが、日本語で謹慎の説明をしてもよく伝わらなく、英語もしくはフランス語で謹慎の説明をする事は厳しい為、母親が帰宅したのちに電話を折り返すことになりました。その時に涼子は、お父さんと会話す

まんまと乗せられたおれ

54期　西田テオ

るために自分はフランス語を本当は話せるはずだと気づいたとのことでした。当時は「気づかれてしまった！」と思った程度でしたが、その出来事がのちに大きな意味合いを持つ事になります。

それから二か月程たったころ、涼子にクレープ屋に行こうと誘われました。二つ返事でOKし買ってもらったクレープを食べながら話していると、涼子が私の出身地やそこでの暮らしについて聞いてきました。既に涼子にはフランス語を話せることを知られていたので何も隠さずにありのままの事を話していました。すると突然「今年の弁論大会のテーマは『街』やからこれでいこう」と言われました。その時の私の感情を分かりやすく表すと「？？？？？？！！！！！！」だったと記憶しています。というのも私は弁論大会には絶対に出たくありませんでした。弁論大会というものは各クラスから一人か二人が出場し、全校生徒の前で自分の人生や考え、思想を話す大会です。一年生次に一度弁論大会は見ており、まさか自分が出るとは全くイメージできませんでした。涼子は私にフランスでの生活とフランス語を話せる事、更にフランス語そのものを全校生が聞く弁論大会で話すように言いました。私は初め、せっかく隠し通せていたのを公表するのが嫌だったのと恥ずかしさを感じ断ろうとしましたが、当時クレープ屋で涼子に買ってもらったクレープを片手に席についている状況であったため、断ることは出来ずにしぶしぶ了承しました。はじめは乗り気ではありませんでしたが、やるからには本気でやろうと決心し、何度も原稿を書き直し、出来上がった原稿をもとにスピーチを何度も繰り返し練習しました。そして覚悟を決めて全校生徒の前で全てを話しました。〝En fait, je peux parler Français（おれ、実はフランス語しゃべれんねん）〟を一言目に発し、注目を集めた後は私の地元のLyonでの暮らし、どういったことを子供時代にしていたのか、日本に来てからの感情の変化と差別を経験する上で悩んだルーツの事を話しました。結果的に私の弁論は優秀賞に選ばれました。

しかし順位や賞はあくまで形式上の成功にしか過ぎなく、それ以上に大変大きな収穫がありました。それは自らのルーツを肯定し、圧倒的な自信が生まれたことです。なぜなら私は弁論をするうえで、また外国人として扱われる事や自ら作り上げた純日本人に近いイメージが壊れる事を危惧していました。しかしそれらは私の杞憂にしか過ぎなく、聞いていた人達の評価はよく、私が気にしていたことは何も起こりませんでした。日本人でありながらフランス人でもあるという概念を周りが理解してくれたことが大きく、ここでようやく私は自分自身のルーツを受け入れることができ、自信をもって日仏のダブルであると言えるようになりました。

まんまと乗せられたおれ

54期　西田テオ

　また、この時期に私の名前「テオ」の由来が偶然友達により判明するという出来事もありました。私は小学生時代に自分の名前の由来を親に聞いてくるという宿題があり親に由来を聞いたことがありました。しかし当時親は「無い」と答え、それ以来私は本当にないものだと思っていました。しかし弁論大会の少し後、友達に名前の由来を聞かれ、「無いらしい」と答えるとその子はGoogleで私の名前の由来を調べ始めました。欧米では日本のように漢字一文字ずつに意味合いを持たせ組み合わせて名前の由来を作るのとは異なり、名前自体にそれぞれ意味が既にある場合が多いです。その事から私の名前「テオ」の意味はすぐに見つかりました。「Théo」の意味は「神、神からの贈り物」である事が発覚し、大変驚いたと同時に嬉しかったのを覚えています。親が私に私の名前の由来を教えなかった理由は定かではありませんが、実はひっそりととても大切に思ってくれていたのだなと感じています。小学生の頃はなぜ弟の名前には漢字があるのに対し、私だけ漢字はなく日本の名前でないことがすぐにわかるカタカナの名前なのかを親に聞いたこともありましたが、今では私のルーツであるフランスを象徴し、証明している名前を非常に気に入っています。今では私の二カ国のルーツは私の誇りですし、日仏人であることを強みとしてとらえ、大学やその周辺でのフランス語話者達との人間関係やフランス語サークルの創設、フランス語学習への意欲等全ての事のきっかけとなった弁論大会は、大変重要な人生の転換点であったと言えると考えています。また近年母国フランスへ対しての興味が年々強くなってきており、近い将来の渡仏を検討し始めています。

私にとってこの弁論大会は三年間の北星生活で最も大きな収穫であったと考えています。弁論大会が終わった直後から本当に弁論大会に出てよかったと思っており、同じ経験を他の子にもして欲しいと思うようになりました。その事から三年生時の弁論大会ではクラスで勝手に「弁論委員長」という役職を作り自ら就任し、私の経験から今年は誰が出たらいいのかを考え、弁論大会に出るべきだと思った人に声をかけ出場を提案しました。私は自らが去年した経験から、何かに対してすごい素質があるのにもかかわらず、それを表に出せていない子が出るべきであると考えました。弁論大会で話す事によってその子の強みが表に出てきて周りの子に知ってもらうと同時に、弁論をした本人が自分自身で自分の事を理解し受け入れ、強みだと気づいてほしかったのです。また提案したからには最後まで全力でサポートすることを決心し、練習にとことん付き合いました。放課後夜八時までの練習や、始業前に朝早く集まって行う早朝練習を行っていましたが、今思うとめちゃくちゃやる気の入っている弁論委員長にせっつかれて、弁士たちは大変だっただろうなと思います。私達のクラスからは三人の弁士が出場し結果だけ見ると上位三位を独占しました。しかし順位よりも大きい収穫があり、それはそのうちの一人が「クレヨン」を題材に弁論を行い、現在は美術の道に進んだことだと考えています。

自分にとって北星余市とは何だったのか、どういう場所だったのか

私にとって北星余市は自分の奥底にあった潜在的なものを表に出す事が出来た場所だと考えています。私は北星に行く前と卒業後で人が変わったとよく言われます。よく笑うようになった、自発的になった、優しい子になった、正しい道に戻ってきた、がその主です。

しかし私は人が変わったというより、三年間過ごす中で経験した様々な出来事がきっかけとなり、そのきっかけが積み重なり、心の底に存在はするけれど出てきていなかったものが成長として表に出てきたと考えています。そしてそのきっかけを準備し偶然かのようにその上を通らせたのは涼子であり、そのきっかけを拒否せずに素直に受け入れた自分がいた結果、ここまで人間的に成長でき、開《ひら》けた人間になる事が出来たと考えています。

もちろん本当に偶然起きたきっかけもありますが、当時は気づかなくても年月が経った今となっては、明らかに仕組まれていたものがあることにも気づきます。そしてまんまと乗せられた当時の自分が素直な子でよかったと思っています。

discussion

クレヨン革命

二〇二〇年弁論大会優秀賞　五四期　**佐々木　菜月**

あ〜、絵ぇ描きたい！　今日ばかりは、いつも寡黙な私がこの口を解放し、みんなの脳みそをクレヨンのようにカラフルに彩っていきます。

そもそも私は油絵に興味があったのでした。あの重厚感や色合いに魅力を感じ、油絵の全てを手中に収めたい、と星に願いをかけていたのですが、人工衛星だったのでしょう。余市に売っていないしお金もなかったので、夢破れました。絶望の渦中に取り込まれていたのですが、突如としてその渦が切り開かれ希望の光に包まれたのでした。とてつもない光に目がくらんだのですが、確実に掴みました。

それは光り輝かない、ベタベタしたクレヨンだったのです。最初は半信半疑でした。だってそうでしょう？　私だってもともとはクレヨンなんて幼稚だし恥ずかしいと思っていましたから。

でも第六感を信じ描いてみましたら、「えっ⁉　油絵じゃん！　ていうか油絵より断然いいじゃねえか！」。

クレヨンって結構短いですよね？　筆みたいに紙と指が離れていると筆がプルプル振るえちゃうし、力加減が上手くできなくてもう嫌んなっちゃう、って感じで、一時的にだけど絵を嫌ってしまうのです。切ないよ。だけどクレヨンだとそんなことは心配無用。紙と指の距離が近くて、あたかも指で描いている感覚。例えるなら鼻ほじりのように、なんの苦もなく細かく尚かつ楽しく絵を描けてしまうってわけよ！　はぁ、極楽極楽。

ナメてるべ？　クレヨンの素晴らしさはこれだけでは終わらんぞ。なんと時間を気にしなくて良いんです。油絵も水彩も、何かと時間を気にしますよね？　絵の具が乾くから早く描かないといけないとか、乾かすのを待たなきゃいけないとか……。悠長だけどせっかちな私は気がノリません。だけどクレヨンは焦ることもないし、待つ必要もないのです。それにそれに、クレヨンというのは、力任せに潰す勢いで塗るといくらでも彩飾できてしまう、脳筋な一面もあって、ストレス発散にも役立つ、メンタルケアな絵画道具でもあるのです。私にとっては非の打ち所がない、誠に完璧な神器なのです。

そして何よりも楽しいのは、クレヨンの可能性を自分で発見し、技術に変えていくことです。つい最近も木の葉っぱの表現についてひらめき、技術に変えていきましたよ。木の葉っぱが生い茂ってるあの密集感を表すには、小さな円を描くように、やさしいタッチで何度も塗りを繰り返す。他にも、髪の毛の流れを作るには、下書きの時点で力強く描いとく。すると鉛筆の上にはクレヨンが塗らさらない（北海道弁「塗れない」）し、下書きを力強く描いているため紙自体がデコボコになって立体感を出せる。川の流れや海を表現するには、ゆっくり描かない。水は止まることなく流れ続けているわけだから、描き手がじっくり考えていては絵に動きが生まれないし、生命力を感じない。勢いに任せて描き進めたほうが自然だし生きた絵になる。なにより、勢いに任せたほうが楽しい。

私は野山や海、川を見た時、真っ先に「クレヨンで描きたいなぁ」と思うのです。キレイな景色ならなおのこと。頭の中で絵の完成図をつくり、「こう表現するにはどう描き進めれば良いか」と、戦略と戦術を組み立てます。その場でスケッチをしてから家に帰り、風景の色彩をだいたい覚えている私は、見たままの風景と、自分の中でその風景をどう見たかというフィーリングを融合させた、自己主張のある絵を描けてしまうのだ。たまにだけど、言葉を必要としないコミュニケーションのとれる超人なんじゃないかと妄想にふけったりします。

私には夢が二つありまして、メインはクレヨンを攻略し画家になること。そして、サブがクレヨンを世界に広めていくという企みです。

私はいつも「一人でいい」とか言っているくせに、恥ずかしながら、クレヨンで絵を描く人が少なくて寂しいと思っています。みんなでクレヨンについて熱く語りながら切磋琢磨していけたらどれだけ幸せだろうと、涙を流し切に願っているのです。

クレヨン革命ともいうべき一大事業の第一歩として最後に一言、奨励しようと思います。

お酒でハッピー？　タバコで安心？　そんなのただの思い違い。

心と体にクリアな幸せ。あなたの価値観に革命を。クレヨンいかがですか？

discussion

僕の見た座り込みはＴＶの中

二〇二〇年弁論大会最優秀賞　五四期　**水上　建**

三Ａには「イベントの準備は絶対にみんなでやる」という〝本間ルール〟がある。

強歩前、やる気のない一人が作業に参加せずに帰った。期待もせず、声をかけなかった。締め切り直前になり、本間ちゃんの「下宿行って呼んできー」。嫌われるかもしれないことを、なぜ私が……。下宿に行くと、恐ろしい形相で「マジでめんどくさい、本間涼子のクラス」。四時に学校に来るという約束を取り付け、私は逃げ帰った。しかし彼は約束より早く来て、無邪気に「こういうところ気になるんだよね」と、塗りが甘いところを楽しそうに塗り始めた。学祭準備中の合唱練習もサボられた。「逆に何でそんなにモチベあるの？」と、聞かれ、それに答えるために電話をすると、彼は学校に戻ってきて、私の気持ちに向き合ってくれた。そして、外が真っ暗になった会議室で合唱練習をした。すごく楽しかった。

もっと早く、「やらん奴」、「怖い」とかいう思い込み抜きに向き合っていれば、彼から逃げている後ろめたさを覚えずに、自分も楽しくできたのに、と、思った。そしてなにより、身近にこんなに面白く、クラスを楽しくできる奴らがいるということを、もっと早く知っておきたかった。

今まで偏見を持っていたことでも、それを知ることで、自分の世界が広がったり、楽しみや喜びが増えたり、深まったりする。そして一方、「知ること」で、さらに違和感や疑問を感じることもある。

私がこの春にしてきた経験はまさにそれだ。

日本の米軍基地の七割がある沖縄に行ってきた。辺野古の基地建設を、座り込みで止めようとしている現場。私は、基地向かいの歩道から、埋め立て反対のプラカードを持って眺めていた。抗議者たちは「違法工事を今すぐやめろ」、「子どもの未来に基地はいらない」と訴え、しばらくすると機動隊が出て来て、抗議者を二人がかりで一人ずつ運んでいった。全員が運ばれて、結局トラックは基地の中に入っていった。それが一日に三回。国家権力が国民を排除していくこの風景は、本来ならば怖く、異様な光景である。しかし、どこか形式的に見えてしまった。

機動隊による、過激でもっとひどいシーンを、ＴＶで見たことがあったからかもしれない。道の向こうから見ていたことで、期待していたよりも感情が揺さぶられなかったのかもしれない。私も座り込みをしていれば違ったのかなぁ……。

座り込みが今の形に落ち着いたのは、一六年も戦いが続いてしまったからだった。抗議者のケガ、逮捕などが続き、ただの住民が、長引くこの問題に抗議し続けるための、苦肉の策なのだった。辺野古では一六年もの間、これが日常なのだ。私の地元、神奈川県座間にも米軍基地があったこと、戦闘機による騒音で授業が中断されていたことを思い出した。私はこれに「慣れ」てしまっていたが、その「慣れ」の中にあってさえ、違和感を持ち続け、行動し続けている、その思いの強さに触れたような気がした。

基地って何でしょうか？

ベトナム戦争時には沖縄の基地から爆撃機が飛び、沖縄は「悪魔の島」と恐れられた。イラク戦争では海兵隊が派遣された。基地とは人を殺すため、たくさんの兵士と兵器を送り出す場所なのだ。日本が戦争に加担している、ということだ。沖縄には七割の米軍基地。実は終戦五年後は本土に八七％、沖縄はたった一三％。大きな反対運動によって本土の基地は大幅に減ったが、沖縄の基地は増設され、今では七割を超える。米国の搾取だけでなく、日本本土から押し付けられているのである。

抑止論を持ち出し、「基地反対は理想論であり、実用的でない」という人もいるが、この理想論には実用性があるということはとっくに証明されている。中米コスタリカに学んでほしい。むしろ、基地によって沖縄は様々なことに苦しめられているのだ。騒音問題、お金のバラマキによる住民の分断だけはない。沖縄が日本に復帰してからの約五〇年の間に、米軍が起こした事件は六〇五二件。凶悪事件は五八一件。みんなの記憶にも残っているだろうか。二〇一六年、当時二〇歳の女性への強姦致死、殺人、死体遺棄という事件が起きた。その二〇一六年に、性犯罪で除隊となった沖縄の海兵隊員二七人のうち、二一人が子どもを標的にしていた。そして被害者の多くが「治外法権」の名の下に泣き寝入りしている。さらに事件化されていない被害の多さ……。

私は問いたい。沖縄県民にとっての脅威はどこにあるのか？

◇後日談：沖縄に「戦後」はいつくるのか◇

卒業して三年半。沖縄の、日本の問題を考え続けている彼の後日談です。

ここ数日悶々とした気分が続く（二〇二四年六月末）。立て続けに発覚する米兵による性暴力と政府による事件の隠蔽、辺野古新基地建設に対する抗議の現場で起こってしまった死傷事故。

余市を卒業した後、横浜の大学に進学した僕は、三年目に休学をして沖縄に滞在することにした。辺野古新基地建設の抗議現場で生活しながら、沖縄で現れている日本の問題を、体で学びたいと思ったためだ。

六月二八日、辺野古新基地建設に対する抗議の現場の一つである安和桟橋で事件が起きた。辺野古埋め立てに使う土砂を運ぶダンプが、警備員と抗議している女性を轢く事故があった。警備員が亡くなり、女性も足を骨折する重傷を負った。僕自身安和桟橋には週に一、二回抗議に行っていた。

怪我をした女性は、もちろん顔見知りで、キャンプシュワブゲート前テントでは、手作りの料理やお菓子を振舞ってくれた。警備員はどの方が亡くなったのかはわからないが、数名の顔が浮かぶ。ダンプの運転手も同じだ。みんな被害者だ。抗議の現場にいたからわかるけど、上からの圧力があって、ダンプの運転手は労働時間を一時間延ばされた上に、回転率を上げるために、道路上に抗議者がいるにもかかわらず、無理な割り込みをさせられていた。

今現在、ネットでは、活動家の無茶な抗議活動によって警備員が亡くなったとして、バッシングが起きている。抗議者たちは皆、辛い抗議の中に楽しさを見出そうと、歌を歌ったり、お弁当を持ち寄って皆で食べたりしながら抗議をしている。時には通りすぎる車に乗る人に中指を立てられながら、私生活を犠牲にして長時間抗議活動をしている。自分達が怪我をしないように、また、ダンプの運転手、機動隊員、警備員を傷つけないように配慮しながらやっている。なのに、それまで関心を向けてこず、ただニュースを見て叩きたいがために叩いているような輩に「無茶な活動」と罵られる謂れはない。

誰も好き好んで抗議なんてやっていない。抗議をしないと、その声がなかったことにされるからやっているんだ。

抗議現場に敵はいない。ダンプの運転手も警備員も機動隊も敵じゃない。けれど、傷つくのは現場にいる人だけだ。押し付けている人は傷つかない。

沖縄に滞在していた時、よくこんな言葉を聞いた。

「沖縄戦はまだ終わっていないよ」

抗議者の中には、戦後強盗に入った米兵によって母親を殺された人や、米軍に農地を基地に取られたために人生を土地返還運動に捧げざるを得なかった人もいた。

沖縄戦で捨て石にされた沖縄は、今でも捨て石にされたままだ。

discussion

先日起きた米兵による性暴力事件もその表れだろう。日米の〝安全保障〟のために、沖縄は基地負担とそれに伴う事件事故など様々な問題を押し付けられている。それにもかかわらず、今回の事件も沖縄の問題とされている。性的暴行事件を受けて、沖縄県副知事は米国に抗議文を送った。それを報じたある全国紙は「沖縄の怒り　届け」という見出しを出した。これが「日本の怒り　届け」にならないうちは、こうした事件がまた起きてしまうだろう。こんなことはもう起こしてはならない。今こそ私たちが怒る時ではないのか。沖縄を捨て石にするのはもうやめよう。

唯一無二の学校・北星余市

現代教育行政研究会代表・元文部科学事務次官　前川　喜平

北星余市と私のかかわり

北星学園余市高等学校（以下「北星余市」）のことは、文部科学省の現役時代から知っていたし、関心も持っていたが、直接お付き合いするようになったのは退職後の二〇一八年、学園理事会から生徒を集められなければ閉校すると「最後通牒」を突き付けられて学校が悪戦苦闘しているころからだ。

この年の六月に東日本PTA OB会の林田真理子さんから、翌年二月に東京の下北沢で開く「子どもの居場所～ごちゃまぜ教育の現場から」と題するシンポジウムに講師として参加してほしいとのご依頼があった。自信はなかったがお引き受けしたところ、「ではまず北星余市を実際に見てもらいたい」と言われ、九月に余市へお邪魔した。短い滞在だったが、先生方の話や生徒たちの話を伺い、授業や休み時間の様子を見学、寮下宿の寮母・寮父さんのお話も伺った。何より印象に残ったのは、教師と生徒との距離の近さだった。休み時間の職員室はまさに「誰が生徒か先生か」状態。教師とだべったり、ソファでまったりしたりしている生徒の姿は、ほかの学校の職員室ではお目にかかれない光景だった。「ヤンキー先生」で有名になった義家弘介氏のイメージを完全に払拭できたのも、この訪問の成果だった。

二〇一九年二月のシンポジウムのあと、三月には当時の平野純生校長、今堀浩教頭、田中亨先生と東京で懇談する機会も得た。さらに、同年十月には再度余市へお招きいただき、青砥恭氏（NPO法人 さいたまユースサポートネット代表）らとともに学校を視察させてもらった。生徒たちとの懇談では、おとなしい子とやんちゃな子がそれぞれの個性を認めて仲良く共生していることが印象深かった。沖縄への修学旅行のプランを生徒たちが議論している様子に、生徒の主体性を重視する学校の方針を見た。ただ、この視察の報告書を提出しないままになったことは、まことに申し訳なく思っていた。

段ボール箱一箱分の資料

その後ご無沙汰していたのだが、今年（二〇二四年）一月に今堀浩校長からメールをいただいた。開校六〇年の記念誌に北星余市を分析、評価する文章を書いてほしいとのことだった。これはお断りできないと思い、お引き受けしたのだが、最後の訪問から四年以上経っていることもあり、改めて北星余市の教育を知るための資料が欲しいと思い、参考になるデータや資料を頂戴したいとお願いしたところ、二月下旬、本間涼子先生から段ボール箱一箱分の資料が届いた。

箱を開けると、学校案内パンフレットから始まり、学校紹介ＤＶＤが二つ、五〇周年の記念誌『居場所「変わる」の法則』、「星しんぶん」各号、本間先生が3年間に作成したクラス通信と学年通信のＡ３版ファイル三冊、生徒が受験の際に書いた志望理由書のファイル、さらに和歌山大学教育学研究科の調査研究報告書（二〇一三年）、その他もろもろ合わせて一三種類。「これ全部読めぇちゅうんかい」と関西弁で言いたくなったが、こちらが求めたものをくれたのだから文句は言えない。原稿の締め切りは六月末だったので、まだ四か月あると高をくくってぼちぼちと読み進めていたが、結局全部は読み切れなかった。

つなき先生のこと

学校紹介ＤＶＤで最も泣けた（感動半分、おかしさ半分で）のは、福田綱基先生が主人公の「初担任〝つなき〟奮闘編」と同「感動編」だ。

「奮闘編」には、チック症を気にして登校できない生徒に対し、本人が自主的に登校するまで見守ろうというつなき先生に、本間先生が異論を唱える場面がある。本間「（チック症の生徒が）来ないのはしゃあないと思ってるでしょう？」。つなき「来られないのはしゃあないと思ってます。（チック症を）咳でごまかすので、のども痛めた」。本間「（チック症を）ガマンせんでええやん」。つなき「ガマンせんでええ？」。本間「学校来させるのが目的やなくて、気にせんでええと分からせたいというのが目的やろ。早く分からせるには、あの子ら（同級生）に直接行ってもらった方が分かるんとちゃう？」。つなき「（本人が）ビックリしちゃうような気がする…」。本間「ビックリしてもいいやん。ビックリすることは悪いことじゃないやん」。

次の場面では、つなき先生が生徒三人に相談している。つなき「本間先生は、ほかの生徒が下宿に行って『気にしてないよ』と言ってあげたらいいっていう。オレは、逆にそれをされたら（本人が）気にしないかなと思って……」。生徒A「この学校でそれを考える方が逆に変だと思う」。生徒B「うちの学校はマイノリティーの集まり」。生徒C「自閉症の子だっているしさ」。この学校には様々な生徒がいる、どんな生徒も腫れもの扱いするべきではないと話す生徒たち。生徒B「（周りの生徒が）『認めてくれるんだ』っていうのでいいと思う」。つなき（少し考えて）「ああ、なるほどね。じゃ、そうするか」。翌日クラスの生徒と一緒に下宿で話し合った結果、チック症を気にしていた生徒は学校に来るようになった。

このエピソードには、北星余市における教師と教師の関係、生徒と教師の関係、生徒と生徒の関係がよく表れている。チック症の生徒をそのまま受け止め、仲間として接することが当然だと考える生徒たちの姿勢には、北星余市が一貫して目指してきた「クラス集団づくり」が成功していることが見て取れる。多様性（diversity）と包摂（inclusion）が、単なる言葉ではなく生徒たちの血肉として根づいているのだ。生徒の意見をちゃんと受け止め、納得するつなき先生も実にいい。

和歌山大学の報告書に「先輩よりも先生にタメ語。距離が近い」という生徒の声があった。北星余市では生徒が教師に何でも言える雰囲気がある。生徒と教師も「ごちゃまぜ」になっている。しかし、それは北星余市の教師たちが意図的に作り出した環境なのだ。

「感動編」には、三年B組の生徒が二〇二一年三月の卒業を前にして、担任のつなき先生について語る場面がある。永井ひよりさん「電話をかけても全然出ないし、その日の連絡とかもすぐ忘れるし、『大丈夫なのかなあ？　この先生』って思うけど、でも、ちゃんと一人一人と向き合ってくれるし、誰かをないがしろにしたりとかしないで、困ってたら救いの手を差し伸べてくれるし、私は何度もつなき先生に救われたと思ってる。『北星余市の先生』っていう感じ」。彼女の「北星余市の先生」という言葉に、この学校の教師への深い信頼が表れている。

しつこい教師

北星余市の教師たちは驚異的な熱意と忍耐で一人一人の生徒に向き合う。それは生徒の変容の可能性を確信しているからできることなのだろう。キリスト教の隣人愛の精神を体現していると見ることもできる。『居場所』の中で杉村廉さんは、入学後に非行に走り、父親にも見放されたと感じた時、安河内先生が発した「お父さん、廉のことを信じてやってくださ い」という言葉に涙し、その瞬間から教師不信がなくなったと書いている。

北星余市の教師たちは、何が起ころうとも「君を見捨てない。君を信じている」というメッセージを発し続ける。山田浩太郎さんは「北星の教師はとにかくしつこかった」と書いている。一年生のうちはその「しつこさ」をネガティブに受け止める生徒も多いだろうが、やがてそれが教師への信頼に変わっていくのだろう。教師から生徒への様々な働きかけが、生徒の変容への契機を作り出す。生徒や卒業生の手記にはそういう話が随所に表れる。

学校にいる大人は教師だけではない。矢野史子さんは、一番話を聞いてくれたのは事務員さんだったと書いている。無条件に愛情をもらい、母と子のようなやりとりを重ねたという。信頼できる大人を見つけることができる環境が、北星余市にはある。

余市、寮下宿、「謹慎の館」、PTA

余市では、親元を離れることで親との関係を見直すことができる。実家は遠い。休日には小樽や札幌に出かけることもできるが、東京の「トー横」、大阪の「グリ下」のような逃避場所はない。北星余市に入学する生徒の多くは、何かしら過去との決別や再出発への意志を内に秘めているが、余市という土地はそのための新天地を提供してくれるのだろう。

寮下宿では学校内とは異なる人間関係が形成される。「第二の親」である寮母・寮父との関係、寮下宿内での異学年の生徒同士の関係がそこにはある。中には過年度生もいるので、後輩の方が年上である場合もある。年齢や学年で輪切りにされない人間関係が存在する。共同生活のあり方について課題があれば「寮会議」で納得するまで話し合う。どうしてもうまくいかない場合は、寮下宿の「住み替え」によって人間関係を作り直す道もある。

北星余市の生徒は自由だ。髪の形や色は様々。耳ピアスもカラコンもOK。余計な校則はなく、規律は緩い。生徒は中学校では許されなかった自由を謳歌するが、人間として踏み越えてはならない一線は厳として存在し、飲酒・喫煙、暴力などの逸脱行為は見逃されない。しかし、この学校は決して安易な退学処分で厄介払いしたりはしない。この学校特有の懲戒が「謹慎」だ。卒業生の手記を読んでいると、謹慎がよい反省の機会となり、変化と成長のきっかけになったケースが多い。特に「謹慎の館」と呼ばれる農家や牧場で、農作業や家畜の世話などに従事しながら「館」の家族との新たな人間関係の中で過ごす謹慎は良い効果があるようだ。教育的な懲戒とはこういうことなのだろう。

北星余市を支える柱の一つがPTAとそのOB会(OGの方が多いが)の活発な活動だ。PTAのOB会というものは、ほかの学校では聞いたことがない。保護者たちもこの学校に救われたと感じ、この学校に強い愛着を持ち、我が子とともに「この学校を卒業した」という感覚を共有しているのだ。西日本PTA OB会長だった金剛一さんは、北星余市がほかの学校と違ったのは教師とPTAの「決して見捨てない姿勢」だったと書いている。PTAOB会の活動はもはや我が子のためのものではない。この学校で救われる将来の親子のための活動なのだ。

生活指導と教科指導

人間は人間の中で育つということは、北星余市の教育を見ればよく分かる。生徒同士が互いの関係を深め合いながら、相互の信頼と自己肯定感を育てていく上で、学校行事は重要な機会だ。四月には入学式、五月には「一年生研修」、六月には「強歩遠足」と「弁論大会」、七月には夏季スポーツ大会、九月には「北星祭」、一〇月には生徒会立会演説会、一一月には修学旅行、一二月には冬季スポーツ大会、二月には「予餞会」とスキー遠足、三月には卒業式。どの学校行事にも生徒たちは主体的に参画し、楽しく有意義な行事にするために真剣に話し合い、協働する。本気で行事に取り組み、成し遂げることの達成感を経験し、人間として成長する。「こなす行事はいらない」という安河内校長（当時）の言葉（和歌山大学報告書）がこの学校における行事の意義を端的に示している。

学校行事の中で私が注目するのは、毎年一一月ごろに二年生が行う沖縄への修学旅行を通じた平和学習だ。平和祈念公園やひめゆりの塔を訪れ、米軍基地問題についても学ぶ。平和学習の準備は「平和班」の生徒たちが行う。ＤＶＤに登場する水上建君は二〇一九年の修学旅行で辺野古を訪れ、翌年四月の春休みにも現地に行き抗議活動にも参加、弁論大会では軍隊のない国・コスタリカにも触れて抑止力論を批判した。彼は国際問題を学ぶため明治学院大学の国際学部へ進学した。本間涼子先生が作成するクラス通信「まんをじして」を読むと、基地問題も含め様々な新聞記事が添付されている。読まない生徒もいるだろうが、読んだ生徒には平和や人権の問題を考える糸口を与えているだろう。

教科指導と生活指導（生徒指導）は学校教育の二本柱だが、生活から立て直す必要のある生徒が多い北星余市で生活指導に大きな比重がかけられることは必然だと言える。学力向上よりも人間形成の方に力点が置かれているのは事実だ。多くの保護者の期待もそこにある。生徒会活動や学校行事といった特別活動が重視される理由がそこにある。

一方、この学校の教科指導には困難が伴う。学力検査で輪切りにされた生徒集団ではないから、義務教育が不十分な生徒がいる一方、進学校から転入する生徒もいて、学力には大きなばらつきがある。卒業後の進路も多様だ。過去五年間の進路をみると、四年制大学への進学者が二七％いる一方、就職が一三％、進学でも就職でもない「その他」が二六％となっている。和歌山大学の報告書の中にも、生徒間の学力差や生徒の授業への参加度の低さを課題ととらえる論考が見られ、「進学を考えている子は塾などに行っている」「学校の授業だけではだめだ」という生徒の声も拾っている。私はこの課題への具体的な解答を持ち合わせてはいないが、一つ言えることは、自ら学ぶ力を引き出すことこそ北星余市にふさわしい学力向上策だろうということだ。

時代の要請に応える学校

一九七〇年代から八〇年代にかけて校内暴力が全国で吹き荒れた。警察が発表する校内暴力による検挙・補導人員数は一九八一年度に一万人を超えた。その後、管理教育の強化を背景に校内暴力の件数は減少し、一九九一年度以降は、検挙・補導人員数が二千人を下回るようになり、最近では年間一千人を下回るようになっている。代わって増加してきたのがいじめと不登校だ。中学校の不登校生徒の割合は、一九九一年度の一・〇四％から一〇年後の二〇〇一年度には二・八一％にまで増え、直近の二〇二二年度の統計では五・九八％に達している。「病気」を理由とする長期欠席も増加している。中学生では二〇一二年度の〇・五二％から一〇年後の二〇二二年度には一・三四％にまで増えている。原因はうつ病などの心の病気の増加だ。

北星余市は一九八八年度以降、校内暴力、いじめ、不登校などによって、既存の学校システムから逸脱したり、排除されたり、疎外されたりして挫折を経験した生徒たちを、全国から積極的に受け入れてきた。それは生徒減による廃校の危機への対応策という直接の動機があったにせよ、既存の学校システムの破綻に対応し、時代の要請に応えるという積極的な意義を持つ取り組みだったと評価できる。

しかし、北星余市の廃校の危機は再び訪れた。学園理事会が示した存続の条件は「二〇一八年度の入学者が七〇名に達しない場合、又は一―二年次の生徒数が一四〇人に達しない場合は、二〇一九年度から生徒募集を停止。二〇一九年度に生徒総数が二一〇人に達しない場合は、二〇二〇年度から生徒募集を停止」という厳しいものだった。二〇一八年度入学者の七〇人目になった藤井琉太君は「メシア（救世主）」と呼ばれたという。

生徒募集の努力は今も続けられているが、この学校を必要とする子どもは全国にいる。現在、生徒の約七割が不登校経験者だが、近年の不登校や心の病による長期欠席の激増は、むしろ北星余市の存在意義をいよいよ高めていると言ってよいだろう。

不登校経験者や高校中退者のための高校として近年生徒数を増やしているのは通信制高校だ。全国の生徒数は二〇二〇年度に二〇万人を超え、二〇二二年度は約二四万人になっている。卒業率九九％などと宣伝する学校もある。もともと能力も意欲もある生徒なら通信制もいい選択肢かもしれないが、構造改革特区制度を使った株式会社立通信制高校の中には、ほとんど教育らしい教育を行わずに高校卒業資格を与えることでビジネスを成立させているところもある。

学歴は大事だが、それ以上に大事なのは人間としての成長だ。北星余市の「集団づくり」は決して生徒の個性を捨象して画一的に律することではなく、むしろ個性と個性がぶつかり合う「ごちゃまぜ」の中で、粘り強く話し合いを重ねながら行われる。それは一朝一夕にできたものではない。長年の試行錯誤と汗と涙の結果として作り上げられてきた教育だから、簡単にほかの学校がまねできるものではない。北星余市は唯一無二の学校なのだ。

北星余市の自由と自治

北星余市の生徒たちの自由は、教師たちの自由が保障している。教師間に階層がなく、きわめて高度な同僚性が存在する。校長も教頭も教師たちが互選で決めるという、ほぼ完全な自治が確立されている。学園理事会の管理権は閉校か存続かといった究極の局面においてのみ姿を現す。

この一〇年余りの不登校激増の根本的な原因は、政治権力の教育への介入により学校から自由と自治が失われてきたことにあると私は考えている。二〇〇六年の教育基本法の全面「改正」により、学校での道徳教育や愛国心教育、学習規律が強調されるようになった。二〇〇七年度に始まった全国学力テストにより生徒も教師も点数競争に駆り立てられ、二〇一八年度からの道徳の教科化により、小中学校の教師は国が学習指導要領で定めた道徳を国が検定した教科書を使って教え、さらにその「成果」を評価することを義務付けられた。公立学校の教師は人事評価にさらされて同僚性を失い、「リーダーシップ」の名の下に校長の権限が強まった。

こういう抑圧的な教育政策が日本の学校を息苦しい場所にしてきたのだが、北星余市にはその抑圧が全く及んでいない。「教員の働き方改革」が課題となっているが、勤務時間の長さだけをとれば北星余市の教師たちも例外ではない。本間先生のクラス通信を読むと、よくこれを毎日作れるものだと感心する。長時間の残業をしていることは明らかだ。しかしその残業がほかの学校と根本的に異なるのは、北星余市の教師たちはそれを自らの意志でやっており、上からの命令でやらされているのではないということだ。

北星余市は自由な教師の解放区であり、熱血教師の梁山泊なのである。

ちょっと一息

下宿のおばちゃんて、なんだ？

管理人さんたちの座談会

全校生徒の多くが寮下宿生活を送る北星余市高校。
余市町内の方々が懐深く生徒たちを育んでくださっています。
先生には言えなかったことも、下宿のおばちゃんになら話せる。
なんとなく納得できなかったことが、
ともに暮らす上級生のアドバイスで心に落ちる。
「余市の母、ここにあり」
六〇周年にあたり、一〇年以上寮下宿を運営してくださっている
管理人さんたちにお話をうかがいました。

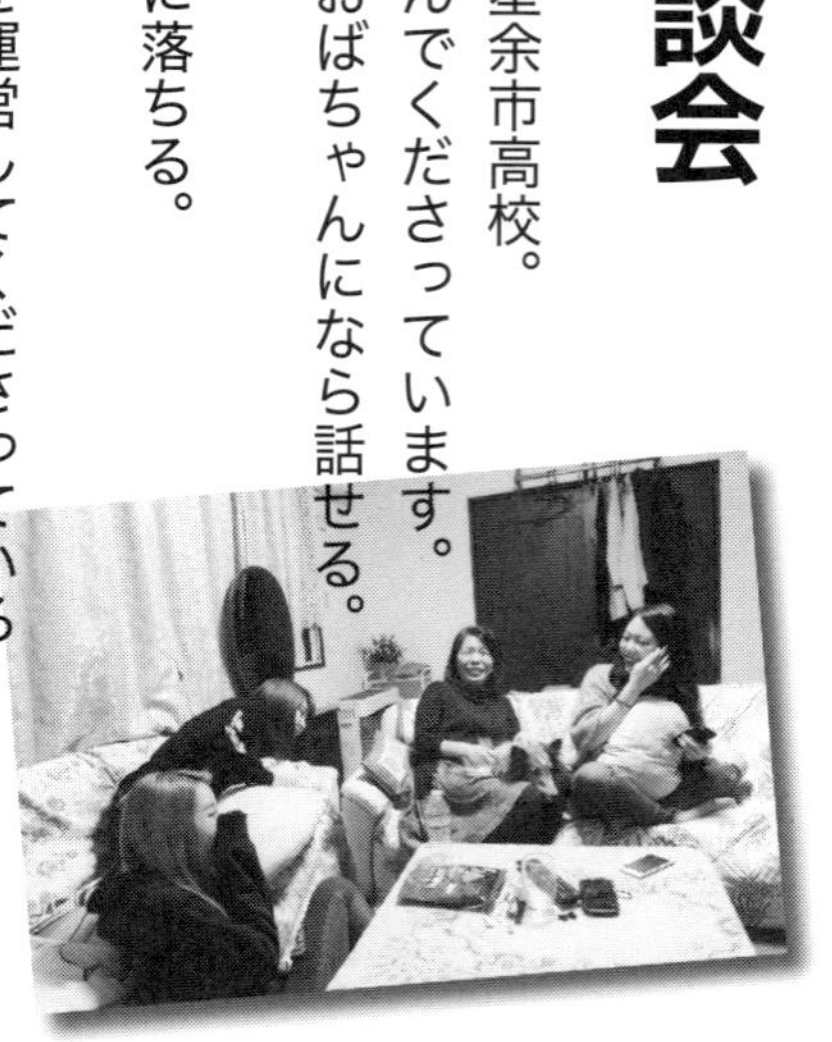

岩井下宿：岩井典子さん
オオタカ女子寮：高橋博子さん（通称：ひーちゃん）
清野下宿：中村ひろみさん
下村下宿：下村宏美さん
ひまわり：大村ひとみさん
みなと下宿：佐藤まりさん
北星余市高校長：今堀先生
司会：本間先生

※おばちゃんたちの大きな優しさ、かっこよさ。あったかい道弁。
本間先生は関西弁。管理人さん同士もファーストネームでのやりとりです。
他にも一〇年以上の寮・下宿がありますが、都合がつかず欠席された管理人さんもいます。

二〇二四年三月二五日（月）
北星学園余市高等学校 音楽室

本間　北星余市高校が六〇周年を迎えるにあたって、管理人さんたちの声もうかがいたいと思い、一〇年以上下宿を続け、学校とは違う視点で子どもたちを見守り育んでくださっているみなさんにお集まりいただきました。よろしくお願いします。

校長　北星余市高校と下宿の関係というのは、日本でも珍しい特長と言えます。一般の町民の方々が学校経営でない下宿として子どもたちを見てくださっているわけです。そのご苦労や喜びを、ぜひお聞きできればなと思います。

★きっかけ

本間　それでは、何年に、どういうタイミングで北星余市の寮・下宿をしてくださることになったのかというところを順番にうかがってもいいですか？　そしたら、ひーちゃんから。

オオタカ　以前北進寮ってあったんですけれど、そこは食堂で寮もやっていました。三〇名からいたんですよ。以前から知り合いだったので遊びに行っているうちに「手伝ってくれないか」ということになりました。そのうち、言い方は悪いけど「おもしろそう」って。その当時は、生徒も派手、怖い、そんな感じだったんですけど、話してみると全然違うのね。生徒もだんだん少なくなってきた頃、おじさんが学校の近くに寮を建てたんだけど、二〇人入るところに七人か八人しか入らなくて。その当時、余市では介護施設が増えてきていて、介護施設に切り替えると。その時に残った七～八人を引き連れて始めたのがきっかけです。

本間 それって何年のことですか？

オオタカ 二〇〇三年か二〇〇二年。

岩井 私は一九九二年の九月からやるようになりました。違う仕事をしていたんだけど、体の調子を悪くしてその仕事が続けられなくなりました。その時に「下宿をやらないか」という話があって、思い切って変わったことをやってみようと始めたのがきっかけです。

本間 岩井さんはずっと余市で暮らしてはったんですか？

岩井 そうです。

本間 その時の北星余市の生徒たちを見て、なんでやる気になったんでしょう？（笑）

岩井 早い話ね、自分も生きていかなきゃなんないし、前にやってた仕事はできないし。そこへ下宿をやらないかという話があったの。ものを作るのは好きだから、じゃあ、ご飯を作って出せばいいかな、なんて軽い感じでやったの。北星のことはよく知っていますよ。うちの息子も同じくらいの年頃だったし。知ってたけれどもダメだったらやめればいいしって、軽い気持で始めて三〇何年になるの。

校長　一九九〇年からだ。三四年目に入ったんですね。

本間　清野さんは？

清野　四三年くらい前、昭和五六年だから一九八一年。北星高校が、余市だけでは生徒数が足りないっていう時期があって、道内――道内って言っても札幌を中心に、遠い所からも生徒を集めるので下宿を探している、っていうことだったんです。たまたま妹が北星高校の生徒で、当時の担任だった安達先生から頼まれたの。うちは今と同じ場所なんだけど、いくつか空いてる部屋があって、それを貸してくださいって言われたのがきっかけです。

本間　それがおばあちゃんの代。

清野　そう。四部屋に二段ベッドを入れて、八人から受け入れました。それが始まり。それで、生徒数が多い時期に改装して部屋を増やしていって、最高三〇何人だったかな。

岩井　あの頃は、うちでも一七人入ったもの。二人部屋と一人部屋とあって、娘が出て行ったらその部屋も使わせてくれって（笑）。そこにも二人入れて。

清野　平成二〇年、二〇〇八年。父が癌になってしまって、母が付き添いをするのに下宿が手薄になるからって。私がちょうど仕事を辞めた時で、函館に住んでいたんですけど、余市に手伝いに来ました。父が亡くなった後、母のかわりに継ぐことになったんです。

本間　ひまわりさんは？

ひまわり　私の姉の子どもが北星高校にいて、姉がＰＴＡを一生懸命にやってたらしいんですよ。その頃は、人もたくさんいましたね。私は余市で育っていたんだけど、その頃は結婚して札幌に住んでいたんです。子どもが四歳になる手前だったのかな。そしたら姉に「下宿がないから、やったら？」って言われて。私はご飯の仕度するのも好きじゃないし（笑）断ってたんだけど、夫が「いつまでも人に使われているよりも、将来的には何かしないとだぞ」っていうようなことを言い出して、自分はなんもしないくせに（笑）。それで余市に家を建てて……っていう感じできちゃったかな。

本間　何年の時です？

ひまわり　今、二五年になるんですよ。それでもあっという間。ここに来て下宿を始めた時に子どもが四歳になった。なんだかわからないうちに今になったっていう感じ（笑）。

一同　ほんとだよね。

ひまわり　知り合いに会うと「ご飯作るの大変でしょ」って必ず言われるんだわね。いやいや、ご飯作るのが大変って、さほど料理が好きだったわけでもないけどなんとかやっています。最初はやっぱりね、口に合うかとか気にもなったんだけど、気にならなくなってきました。ご飯が大変っていうことはなくて、その他のほうが大変だったけど、過ぎてしまえば忘れてしまって（笑）。

本間　下村さんは？

下村　うちは一九八八年、息子が生まれた年です。北星高校が今のシステムに切り替えた時。全国から不登校の子を受け入れるという形をとったのが一九八七年か一九八八年だと思うんだけど。夫が北星高校の七期なので、担任だった今は亡き岩本先生とか、山岸先生にお願いされました。その前から女の子を預かっていたことがあるんですよ、北星高校の。

本間　個人的に？

下村　札幌の子で、親が札幌から離れられないからちょっと預かってくださいって言われて、二人預かってたんです。それもあったのか、山岸先生と岩本先生がいらして、夫に「ぜひ、やってほしい」「なんとかしてくれ」って。それがきっかけで始めたんですよね。三七～三八年は経っていると思います。その当時、商売もしていて人に食べさせることの大変さはよくわかってるから、抵抗してみたんです。「ちょっと無理」って。ご飯を食べさせるっていうのは、お客さんと子どもたちの食事の時間がかぶるっていうのがあって、子どもたちにもお客さんにも迷惑はかけられないから、最初の頃はすごい大変でしたね。

本間　下村さんが、お寿司屋さんをやってた頃ですね。

下村　寿司屋と焼き鳥屋もやってたんです。ほぼ家族でやってたみたいなものだから。その時、どういうふうにしてやっていたか、今思い出しても記憶にない（笑）。ただただ、子どもたちには食べさせなきゃなんない、っていう感じだった。けっこう大変でした。人数も一〇人以上いたので、みんなが入れるように部屋も区切らなきゃいけなくなって、その工事と私の出産と。だからもう、しっちゃかめっちゃか。帰ってきても産後がどうのこうのっていう状態じゃなくて、すぐ仕事。そういう感じでした。

本間　下村さんは、お店二軒の大変さも一緒だったんですもんね。みなとさんは？

みなと　私は岩井さんとお友達だったので、そのきっかけもあるんだけど、その前にちょっと病気をして表に出て働くことができなかったんで、かねふく下宿さんの所で、食事の仕度をする手伝いに行ってたんですよね。そしてかねふくさんがこっちに建てるっていう時に、もとの古い所でいろいろ教えてもらいながら、始めたんです。

本間　それ、何年くらいですか？

みなと　何年だろうね。のりちゃん（岩井さん）とそんなに変わんないね。何年て言われると、考えてこなかったわ（笑）。それで今になってますね。

★最初はしっちゃかめっちゃか

本間　下宿を始めたばっかりの頃の苦労を教えてください。

岩井　みんないろいろあるだろうけど、それぞれ違うよね。女の子でも違うし男の子でも違う。最初はしっちゃかめっちゃかだったよ。

本間　何でしっちゃかめっちゃかでしたか？

岩井　子どもたちはもう、派手な……っていうか、元気。元気すぎるやんちゃな子ばっかりで、ほんっとに大変。こっちで何かをやってると思ったらあっちで何かやってる。こっちで収まったと思ったらあっちでけんかとかね、女の子でもそうだった。何時間も寝れなかったね、最初の頃は。とにかく見てなければ何やってるかわかんないっていう感じ。

下村　朝、全然起きない子がいて、二段ベッドの上からも下からも引きずり出すのが日常茶飯事。それでもだめだったら学校に電話して「迎えに来て」って。そうすると先生たちがすっ飛んできて、何人がかりでも布団から引きずり出す。そういうことがしょっちゅう。

みなと　うちはいまだにやってる（笑）。

岩井　最初は大変だったよね。どこもみんなそうだったよね。

本間　けんかみたいなのはそんなにないけど、朝、起きへん子は今でもいますもんね。

岩井　起こして、返事したから大丈夫だと思ったら、また寝てる。他の子がご飯を終わって起こしに行ってくれても「寝てるよ、おばちゃん」て。また起こしに行ったら、四度寝(笑)。

★「寄り添う」ということ

本間　長年やってくださっているなかで、特に印象に残っている出来事とか、これは嬉しかったなっていうふうに残っていることとかありますか？

オオタカ　始めた次の年かな、新しい子が入ってきて、その子がね……退学になったんですよ。すごいショックでね。始めたばっかりで私は楽しい楽しいってやってたものだから、それを聞かされた時は、ショックで泣きました。その子は結局退学になったんだけど、それに関連した子が何人かいて、無期の謹慎を与えられたの。でも、良かったと思ったのは、そういう洗礼を受けたもんだから、その後すごく気をつけるようになった。

本間　他に印象に残ってることはありますか？

岩井　今でも卒業した子が来てくれる。四─五日前も大阪の子で今は札幌にいるんだけどね、お母さんと親子で来てくれたり。

本間　アサミ？

岩井　そうそう、アサミ。お父さんとお母さんと来てくれて。一年に二回、必ず来るのがヒカル。他の下宿から出されてうちに来た子が、今でも一年に二回、必ず来る。仙台のカツミちゃんやら、何人も帰ってくる、「ただいまー」って帰って来るよね、みんな。

本間　どうです？　卒業生とのその後の関わりって。

オオタカ　けっこうあるよね、電話が来たり、もう子どもが二人いるとか、近況とかそういうのがきてます。この前もね、その当時の仲間と一緒に写った写メが「ご飯、一緒に行ってきたんだ」って送られてきた。

清野　地震とかがあった時、卒業生からすぐに連絡がくる。そういうのは嬉しいよね。

一同　そうそう。

清野　「大丈夫？」って心配してくれて。

岩井　そういう電話がいちばん嬉しい。「元気？」とか「○日に行くから待っててね」とかね。「来なくてもいい」って言っても来る（笑）。

オオタカ　最近はね、最後に「死なないでね」って言われる（笑）。いやもう、そういうふうに言われる齢だよなって。

岩井　うちは、お父さんが亡くなったっしょ。下宿にいた時のグループラインがまだ繋がってるんでないかな。みんなが電話をくれた。「おばさんは怖かったけどおじさんは優しかったから」って（笑）。ありがたいなと思った。

本間　管理人さんたちですごいなと思うのは、自分とこの子だけでなくて、その周りの子の名前とか性格とか、どんな状態にいるか知ってるでしょ？

岩井　オオタカさん、そういうのすごくよく知ってた（笑）。

オオタカ　うちの子と仲良かった子のことも「そういえば、あの子元気？　この子は元気？」ってなんだかぱっと浮かんでくる。よく話してたからね、みんなと。

岩井　女の子の時はそういうことがすごくあったけど、男の子になったら、ないなあ。

本間　すごいなって思うんです。自分のとこの子だけでないから、持ってる情報が。だから担任をしていても管理人さんとしゃべりながら、「うちの子じゃないけど、〇〇下宿の子とこうなってるから注意したほうがいい」とかね。あれは、どうやって摑むんですか？

オオタカ　情報交換だよね。「最近、遅いんだけどうちの子と付き合ってる？」とか。

本間　管理人さん同士で？

オオタカ　そう。「うちも遅いよ。だって付き合ってるでしょ」って教えたりとか。

校長　すごい……、お母さん同士みたい（笑）。

岩井　先生方も知らないことも、いっぱい知ってるから（笑）。

校長　あるでしょうね。

岩井　やっぱり我が下宿の子がかわいいから、大ごとでない限りは言わない。ちょっとしたことだったら、「おばちゃんも黙ってるからね」っていう感じでやる時もあるしね。

校長　その程度にもよりますけど、そういうところは学校寮じゃない良さだと思うんです。

清野　子どもとの距離感も大事だなと思って。あんまりべったりするのもダメだし、あんまり野放しにするのもダメだし。要所要所で摑むところは摑んでおかないと。

校長　担任をやっていた時に「今日、放課後残れるか？」「いや、寮謹（寮謹慎）だからダメ」「え？　なんで」「この前門限破っちゃって」「えー、俺、知らないけど」みたいなことはけっこうあったんですよ。門限に限らず、子どもだけに抱えこませないでやってくれてたんだなという思いはあります。

下村　多分ね、門限でも時間内であれば寮に任せる。あんまり、一時間以上とか二時間とか帰って来なかったら学校に連絡しなきゃいけないというか、私はそうしてます。

清野　門限を破っても、その前に連絡くれて理由をちゃんと言ってくれればいいけど。

一同　そうそう。

本間　子どもとかかわる時に、どういうことを気にしてやっていますか？　ここは譲れないとか、ここは意識してかかわらないとならないな、とか。

オオタカ　あんまり最初から、ずけずけはいかない。最初は私たちも子どもから見られているから。ある程度喋れるようになると、子どものほうからいろんなことを言ってくるようになるから、徐々に。だから、ああでもない、こうでもないって最初からはあんまりいかないようにしています。

岩井　中まで入りこまないよね、最初は。

ひまわり　寮のきまりっていうのは全員同じ。基本的なきまりがあるけど、全員がきっちりそれでとおるかと言ったらそうじゃなくて、一人ひとり全部違う。「この子を大きく怒ると落ち込んでしまうな」とか、そういうことも考えます。みんな同じようだけど、それぞれに特別なところがあって、そういうところを掴むっていうか、作るっていうか。必ず何か一人ずつ違って、特別扱いしなきゃいけないところがそれぞれにあるような気がする。そうすると、他の子のことで文句を言ってきた時に「いやいや、あんたはあの時に特別だったたっしょ」っていう感じでやるのが、私はやりやすいのかな。全部違う。

本間　そうですよね。同じことをやらせなアカンくてもやらせ方はその子によって変えるし、大人数の子がいたらそれが見えたらアカンから、大きな声で怒ってるのを他の子に見せたり。集団を育てるってことですね。

ひまわり　ずるく言ってくる子の場合は「ダメだ」っていうところをみんなに聞こえるように大げさに怒ってみたり。「あの子が怒られてるんだから自分らもしょうがないな」って思わせるようにしてみたりします。でも、今はそういう子が少なくて、あんまり喋らないから大事なことは部屋に行ってこっそり。

オオタカ　あと、嘘はつけない。子どもたちは絶えず見てるから。特に新しい子はね。不公平は絶対にしない。それは絶対にしちゃいけないと思ってる。

一同　うんうん。

ひまわり　さっき怒ったばっかりで、軽口きいたのにさ、「お菓子あるんだけど、食べる人いるかーい？」っていうと一番に「はーい」ってさ（笑）。普通の顔して、よくちょうだいって言えるよなって。それでも、私も怒りすぎかなって思うこともあるから、そこは普通に。

オオタカ　そこを切り替えしなかったらね。

清野　逃げ場もないと。

本間　切り替えしても、ずっと怒ってないとアカンような状態の子もいますしね（笑）。

岩井　（清野下宿の）おねえちゃんも怒る？

清野　よっぽどひどい時はね。娘がクッションになって、うまい感じでやってくれてます。

岩井　理屈がすごい子もいて、私みたいなおばさんの説明じゃ通じないこともある。あれこれ話しても通じなかった時に、娘が来たから「ちょっと聞いてみて」って頼んだら「ちゃんと説明したら、あの子もわかったから」って。洗濯機の使い方のことなんだけど、「どうやってやってる？　最初からやってごらん」って。そして「そのやり方じゃあ勝手に時間を長くしてるから一〇〇円じゃ間に合わないよ。この洗剤だったらすすぎは一回で終わるっしょ。「一回すすぎ」って書いてあるんだから、そのとおりにやりなさい」って説明したって。「お母さんの言い方がややこしいんだわ」って言われました。その子は納得するまで教えて言ってやらないとダメだ。悪さは全然しないけど。「携帯で調べたらプラごみは三〇種類あるんです。それをプラごみとしてどうやって出したらいい？」って言うのさ。聞かれたってわかる？　本間先生のひと言で「これはプラごみだからプラ！　以上、終わり」って終わったこともあったけどさ（笑）。

★それでも子どもたちがかわいいの

本間 保護者とのかかわりの中で、気をつけていること、大事にしてることはありますか？

オオタカ 私ね、親御さんにはいつも言うの。「何かあったら学校から連絡がいくし、私はよっぽどでなければ電話しません。もし、何か気づいたらいつでも電話ください」って。

ひまわり 「学校の先生と寮のおばさんと保護者の三人で話し合いをして、いろんなことを決めていかないとダメだから、遠慮しないで連絡をください」と言ってます。

清野 私は親とはあんまり電話しない、全員とＬＩＮＥをやってるから。時間も気にせずにものを言いやすいし、向こうからも来るし。ＬＩＮＥのほうが楽だなと思ってます。

オオタカ 私は、しゃべったほうが楽だわ（笑）。

清野 入学した子は、まず契約の段階で親御さんとＬＩＮＥの交換をします。そしたら「用意できた部屋はここですよ」って画像も送れるし。すごく楽。

本間 あー、なるほど。

岩井 操作ができればいいけど。時間がかかるしねえ。

ひまわり 簡単な「わかりました」くらいはいいけど。

清野 病院代とかも、言った言わないにならない。文字が残るから。

岩井　それはいいわね、タクシー代いくら、病院代いくらって。

みなと　連絡、くれない親もいるよね。「病院に行った、薬を買った」って言っても、連絡なし。子どもが請求書持ってるでしょ。「お母さんに言ってね」って言うんだけど。小さいものは言えないいんだよね、私。それこそ下宿代が入んないとか大きなことは言うけど。だから、だんだん溜まっていくの。寮費も本当に入らないこともある。

オオタカ　それはちゃんともらわないと。

本間　下宿代も入らないというような大変な苦労をされていて、滞納したら「出て行け」ってできるはずなんだけど、なかなかできない。そうまでしてなんで下宿の管理人さんを続けてくださっているんです？

オオタカ　子どもは一生懸命だったりするの。

一同　そうそう、子どもだよね。

オオタカ　ちゃんと学校に行ってるんだもん。

岩井　普段の生活をちゃんとしていれば、やっぱり情が湧くからさ。親はそういうことだったり、腹をくれてなかったりしても、子どもがきちっとしてればやっぱりね、出て行けとは言えない。親に「腹くくってください」って言うしかないんでないかな。

本間　そういうこと（滞納など）を担任も知らないで、「何ヶ月も……」みたいなこともあります。よくこれで子どもたちをみてくれていたなって思うんです。

みなと　最後に担任に言いました。それで先生から親に言ってもらいました。

岩井　下宿代が二ヶ月溜まったら、やっぱりねえ。うちは人数が少ないから一人の子が二ヶ月溜まったら大変。

みなと　離れてるから、請求書を出そうが向こうから来ないと話にならないもんね。請求書を出しても、三〇万円、四〇万円ってなっちゃうこともあります。ようやく卒業する時に入れてくれることもあった。先生にも何回も言ってもらいましたね。三年間そうだった。

岩井　よく辛抱したね。卒業できたから良かったよ。まりちゃんは苦しかっただろうけど。でも、そこまで溜まって、私だったら「出てって」って……言えるかなあ。

一同　言えないよね。

★部活のあとの夜は大変！

みなと　ところで今、みんな部活をやって来てるでしょ。八時頃までやってくるから、お腹すかしてすごく食べるよね。先生、部活の時間ってもうちょっと短くならないのかね？

下村　下宿も大変。それからご飯を食べさせて後片付けすると、時間もかかる。

本間　例えば、「何時以降は自分で皿洗い」とかは？

清野　皿は洗っても、それだけで片付けは終らないから。

みなと　七時くらいには帰って来てほしいなって思う。

本間　ちょっと……聞いておきます……(汗)。

岩井　部活がない時でもね、子どもたちは「部活だった」って。「あんたバドミントンでしょ」とか「サッカーでしょ」って言っても「いや僕は卓球もやってるしバレーもやってる」って。かけもちでいっぱいやってるから毎日遅いんだわ。

みなと　それだと下宿は大変だわ。

岩井　やりたいって言ったら全部やらせてあげたいもんね。

下村　下宿の中でも遊ぶから、そんなに退屈はしないんですけどね。

本間　運動が好きな子が、今すごく多いんです。ちゃんと運動したいみたいなんですね。

ひまわり　ひきこもりで学校にも行ってなかった子が部活を始めたりするとさ、「良かったね」って言ってあげたい。まっすぐに帰って来てた子に「今日、僕は部活です！」なんて言われると「ああ、そうかい」って。友達ができたんだなと思えば逆に嬉しい。「早く帰ってこい」って言いたいけど。

清野　迎えに行くんでしょ？

ひまわり　行ったり行かなかったり、天気を見て。あとは冬。「遊んでる時は迎えに行かないよ」って言ってるのさ。天気によってとか、何人かかたまってたら。

下村　部活は八時までなんでしょう？

岩井　バドミントンは八時だね。あと、バスケとかもそう言ってる。

オオタカ　それで片付けて帰って来たら九時前くらいか。

みなと　みんなして遅いから困るんだよね。

清野　遅く帰って来たら急いでご飯食べてくれればいいのに、今度また話しながらゆっくり食べるからね。言ってるんだけど。

ひまわり　そこでまた怒んなきゃなんないのさ。

下村　お風呂も後片付けもあるし。

みなと　お風呂も長くなるね。もうちょっと短くしてもらえないかな、せめて七時くらい。

本間　時間は難しいかもしれないけど、ご飯とかお風呂のことを考えてちゃっちゃとやれ、っていうことは顧問から伝えるようにします。

★やっぱり子どもたちがかわいいの

本間　これだけ長い間、管理人さんをやっていただいていますけれど、なんで長く続けてくれてます？　中にはね、「もうやめたい」っていうのに「やめないでください」って無理にお願いして続けてくれていることもあると思うんですけど。

清野　夫は、「この仕事は人から感謝される仕事だぞ」って。生徒も感謝してくれたり、親御さんからも「無事に卒業できました」って言ってもらったり。そういう人に感謝される仕事っていうのはなかなかないから、こういう仕事に携われるのはいいことだって言っています。こういうふうに誰かに喜んでもらえる仕事ってなかなかないから、卒業の喜びを楽しみに続けてる感じです。

みなと　ただただ、かわいいよね（笑）。

岩井　うちは女の子から男の子に変わって三年間やったでしょ。あの子たちを卒業させたら、疲れちゃってね。みんなかわいかったんだけど、なんせ疲れた。女の子から男の子に変わった三年間は、女の子と違ってこんなに大変なんだっていうことが初めてわかってね。

みなと　男の子のほうが楽だと思う。

清野　そうそう。

岩井　私は女の子で何十年もやってたからかな。

みなと　男の子は楽だよ、さらっとしてるしね。

オオタカ　ごちゃごちゃないからでしょ。

岩井　その男の子たちを卒業させて、生徒が来なかったらやめようと思ったの。そしたら卒業生の弟がきて、私、本当にやる気はなかったから「みなとさんが一つ空いてるから、みなとさんに行きなさい」って言ったの。そしたら「行かない」って言うわけさ。「兄ちゃんが卒業した下宿にいる」って。「誰も入らなかったら一人だよ」って言ったらね、不登校の子だったから「僕、慣れてるから大丈夫だよ」って言うしさ。「慣れてるって言ったって一人だったら困るっしょ」っていくら言っても「兄ちゃんがいた部屋にいる」って言うからさ、「したらいなさい」って、まだやってる（笑）。

本間　切れないご縁がある。

岩井　一人入ってるんだったら、二人も三人も同じだしね、苦労するのは。だから、まだもう少し続けなきゃなんないね、卒業させるまで。

みなと　最終的には子どもがかわいいんだよね。

オオタカ　子どもが好きっていうか。

清野　一年一年かわいくなってくる感じがする。

下村　憎たらしくてもかわいい（笑）。

清野　怒る時は怒るけど、かわいい時はかわいいしね。

ひまわり　そうそう。それと、若い人と生活するっていうことがそんなにないでしょ。今時の新しいものを自分は使えないんだけど（笑）。廃校になるよって話が出た時、「高齢者を入れればいいじゃない」って言う人もいたんだ。でも全然違う。子どもは夢があるもんね。

オオタカ　将来があるでしょう。そのお手伝いをさせてもらってるからね。

ひまわり　自分にも将来があるような気持ちになる。

オオタカ　私はね、もしこのままやめたらどうしようって思う。動いていないとダメな性格だから。

岩井　やめようと思った時に息子にね、「朝から晩まで韓国ドラマを見ているよりは、「早くやりなさい」とか「どんどん食べなさい」とか、今までどおりにやってたほうがいいんでないか？　ボケるぞ」って言われてね。それもあるかなって考えた。

みなと　こうやって生徒をみていることで、よその同年代の人より気持ちも若いと思う。

下村　若い人の情報も入ってくるしね。

ひまわり　自分は高校生じゃないのに、ちょっとしか年齢が上じゃないような感じになってるかもしれない。

みなと　気持ちだけは若いよね。

清野　困った時に手伝ってくれるしね。

一同　そうそう。

清野　重たい物があれば「おばちゃん、持つよー」って。かわいいところはいっぱいある。

下村　うちもそうよ。男の子はかわいい。女の子はそんなにいなかったから。

オオタカ　私は女の子しかみてないから、女は女でめんどくさいかもしれないけど、私にしてみたら全然。そのぐちゃぐちゃがね、また、ウフフって感じなの(笑)。

清野　ご飯もね、「うわ、うめぇ」とか「めっちゃうめぇ」とか喜んでくれて作りがいもあるけど、何にも言われなくなっちゃったら、寂しくなっちゃうかも。

オオタカ　ちゃんと心の中では思ってるんだろうけど、表現が下手なんだね。

ひまわり　食堂に入って来た時に目を見るとさ、挨拶はしてるんだよね。私は正面で顔を見るから「ああ、挨拶してるんだな」ってわかるけど、他の人には聞こえないから「聞こえてないよ、やり直し」。あと「ただいま」も言わないとか、お弁当箱も、ただ、すーっと出したりね。「なんか言うことあるっしょ。ただ置いたってわかんないよ」って言うと、小さい声で「ごちそうさまでした……」って。「大きい声で言ってちょうだいね、今度から」(笑)。

岩井　ひとみちゃんのところ、人数多いもんね。

ひまわり　だけどね、慣れてきて嬉しい時なんかに、どこから声出したのっていうくらい大きい声を出すことがあるんだよね。そしたら私も嬉しいのよ、やっぱり。この前もね、学年末の数学のテストで補習になった子が「追試で赤点取ったかもしれない」って。まだ残ってた三年生に教わんなさいって言ったの、「努力しない人はここにおかないから」って。当日、とにかく連絡ちょうだいねって約束してたら、電話がかかってきたの。「もしもーし！」ってね。どこから出たのっていうくらいの大きな声で(笑)。合格したんだな、ってすぐわかった。そしたら嬉しいよね。

オオタカ　嬉しいよ。一〇〇点なんて取ったことない子が、追試で、それも二回目とか三回目とかで一〇〇点だったのね。そしたら、写真撮って送ってくるんだ。嬉しかったんだね。二回目だべって思うんだけど、「よくやった」ってね。

清野　そうそう。

ひまわり　だから、親にも「ほめてあげてください」って連絡する。

岩井　叱ったり、ほめたり、いろいろしないとね。

清野　お弁当を全部食べただけでほめることもある。

ひまわり　そうそう。普段食べない子が食べてきたらね、「よく食べたね」って。

本間　私たちも知らないエピソードがまだまだたくさんありそうですが、そろそろ時間ですね。春休みとは言え、新学期の準備もしてくださっていることと思います。お忙しい中、ありがとうございました。

◆座談会を終えて

年度末の慌ただしい追試・補習の嵐の過ぎ去った、普段休みのない寮・下宿の〝おばちゃん〟たちがようやく一息つける（か、つけないか）時期に行った座談会。二〇年近く〝おばちゃん〟たちに助けられながら子どもたちと関わってきた私にとっては「うんうん、そうですよね～」「知ってる知ってる」ということから、「え、そこまでやってくれてたん（驚）!?」ということまで。あらためて、北星余市の寮・下宿の〝おばちゃん（もちろん〝おじちゃん〟も）〟の懐の深さ、あったかさ（そしてたまに不器用さも）に触れた思いでした。〝おばちゃん〟、結局、子どもたちがかわいいのね～（笑）!!　いっつも、ほんまにありがとうございます！（本間）

なんだったんだあの安心感は！

54期　島　崚佑（2021年 卒業）
●倉庫バイトのエース

卒業して三年。僕はまだ燻っている。本当の意味での卒業には至っていないかもしれない。

北星余市は、そんな僕の背中を今でも押してくれている。

あの濃い三年間があったから、僕は前を向いていられるんだ。


僕が何者かは、北星余市公式YouTubeに投稿されている二〇一九年の予餞会オープニング映像を見ていただけるとわかると思います。女装して迫真（笑）の演技をしたり、カンナムスタイルを歌って踊ったりしているヤツ。こういう、人前で何かをするということが好きだった、ようは〝目立ちたがり屋〟ですね。その性

なんだったんだ あの安心感は！

54期　島峻祐

格は北星余市へ来る前も似たようなものだったが、少々悪いほうへ向いていた。

中学生の僕は、普通の人間じゃないと思われたかったがために、周りとは違うことをしていた。学校を遅刻して行ってみたり、かと思えば途中で帰ったり、テストに変な解答したり…。そして目が悪いくせに、眼鏡をかけた自分の姿が好きじゃないからと眼鏡をかけるのをひどく嫌がって、そうすると黒板が見えないので机に伏せて寝るしかなかった（コンタクトレンズは面倒くさくてゴロゴロして値段が高くて、自分の中では論外だった）。ただそうやっていると時間の経過が異常に遅くて苦痛で、次第に学校への足が遠のいていった。なにか外的要因があったわけではなく、自分の変な気持ちやプライドによって落ちぶれていった。

中学校卒業後はとりあえず入ることのできる通信制高校に入学したが、出されたレポート課題は手につかず、週三の登校ではなぜか同級生とは関わる気が起きなかったため、また机に伏せていた。唯一、サッカー部の上級生とは仲が良かったのだが、突然知らない同級生が数人入ってきて、自分の居場所が無くなったと感じて部活を辞めた。そんな状態で学校が続くわけもなく入って三ヶ月ほどで中退した。

その後二年の間は、引きこもりだった。引きこもりと言っても自分の部屋が好きではなかったので、自室にこもらずに居間のソファーに鎮座する奇妙なタイプ。自分の身なりのことが面倒で、風呂も入らず歯も磨かず、髪の毛は伸びすぎてイギリスの近衛兵のようにこんもりしていた。毛布に包まってずっと同じスマホゲームをしながら、朝から夜まで同じ場所で、でも頭の中だけは「自分はどうしてこうなんだろう。これからどうすんだろう、そろそろなんとかしないと……。でもどうせなにやってもむりだしな……」という感じで罪悪感と自己嫌悪と自虐の大宇宙だった。未来に絶望して何も動き出せずにこのまま死んでいくのだと人生を半ば諦めていたときに、親から北星余市の話を聞いた。頭の中だけで考え続けていても何も変わらないことにそろそろ気づいていた僕は、意外と迷いなく、北星余市へ行くことを決意した。

嫌だった眼鏡をちゃんとかけることにした。

入学（入寮）初日は、部屋のドア越しに聞こえてくる知らない人の生活音にビクつくほど気が張っていた。食事もその知らない人たちととらないといけないのかとか、お風呂に入る時間は決まっていないらしいから他の人と被ったら嫌だなとか、自分で洗濯とかしたこともないし絶対に無理だとか、時間が経つごとにどんどん不安が膨れていって帰りたくなった。

しかし、部屋の外に出るのも勇気のいる奴が一人で外へ出て帰れるわけはなかったので、周りにバレないように小さくすすり泣くしかなかった。不安しかなかった寮生活に比べたら学

なんだったんだ あの安心感は！

54期　島峻祐

校生活に不安はあまりなかった。クラスは静かな雰囲気で、これなら無難に過ごせそうだなと思った。

ほぼ毎日、その日あった出来事や不満を逐一親に連絡しつつ、一週間もすると慣れてきて、自分からアクションを起こせるようになってきた。僕が入学前の二年間、義務的にやり続けていたゲームアプリがそこそこ流行っていたので話に入った。これがキッカケでけっこうな人と話せるようになった気がする。あの空白の二年に感謝できる唯一の点かもしれない。

何か部活に入っておこうと思った。できそうなことがサッカーしかなかったので、サッカー部入部希望者が集まるように言われた部屋に単身で乗り込んだ（たしか職員室内の指導室で、わりと狭かった）。ハデ髪のイカつい人だらけでさすがに怖気づいたが、見かけによらず、気さくで優しい人ばかりだった。変なことをしていた中学時代から二年経って角がとれたのか、僕は人格が変わったように色々なことを、ぎこちないながらも真面目にやるようになっていたし、その変化に自分でも驚いていた。

一年の夏、弁論大会に出ることになった。人前で何かやることになった僕は、ゼロか百かで極端になってしまい、〝完璧な原稿を書きあげて完璧に喋ってやろう〟と張り切っていた。

しかし、なかなか思うような原稿ができなくて期限に間に合いそうになかったため、たちまち自信と、同時にやる気を失って辞退してしまった。誰にというわけではないけれど、めちゃくちゃ申し訳ない気持ちになった。もう出来ないことをやろうとするのはやめておこうとも思った。しかし、それから二ヶ月後の文化祭、周りにのせられてやってみたくなって、合唱の指揮者をすることになった。これまたやってやろうと張り切った。歯磨き中に洗面台の鏡の前で練習するくらい張り切った。多目的室での練習中、まとまらない（一年生なので当然っちゃ当然なのだが）クラスを学級役員がなんとかしているその状況が、腕を振っているだけの自分のせいなんじゃないかと思ってしまって、耐え切れなくて教室の外へ逃げだした。だけど、弁論に続いてここでも途中で投げてしまったらいよいよ何かに挑戦することができなくなってしまう。そう思い、なんとか歪んだ顔を戻して、トイレに行ったことにして教室に戻った。ここで踏ん張った結果もらえた指揮者賞は、もらった瞬間とても気持ちがよくて、これによって奥底に眠っていた〝目立ちたがり屋〟が目を覚まし、このあとの活動の原動力になった。

二年生になった。自分で学校の雰囲気を作ることができて、なにより目立てる生徒会執行部がやりたくて、後期の生徒会執行部になった。しかしその時の自分は、（恥ずかしい話だ

なんだったんだ
あの安心感は！

54期　島峻祐

が）恋愛に頭のリソースを割いてしまってダメダメだった。会議を聞いていて、思うことはぼんやりとあれど、それをまともに意見としてまとめることができなかった。会議が正直辛かったし、そんな自分が嫌になった。それでも応援演説をしてくれた友達や、許可してくれた先生のことを思ったら投げ出すようなことは考えられなかった。途中、失恋などがこたえてメンタルブレイクしつつも踏み止まり、後期執行部として最後の大きい仕事である予餞会は、雰囲気の良いものが作れた。正直僕の動きが良くなかったし、これが終わったら僕の活動も終わりだなぁとか思っていたのだが、企画したことがしっかり形になったことによる達成感と、当時の三年生からの「島くんは前期生徒会もやったほうが良い」という言葉がきっかけで、単純な僕はコロッと、やっぱり前期もやろうと決意した。

三年生になり、後期に続いて前期の生徒会執行部になった。春休みを経て、入学式があって新一年生と対面して…と思い描いていたものが、新型コロナウイルスが流行りだしたことによって、全く思いもよらないものとなった。画面の中で行う授業は、僕にとっては新鮮だったが、これでは新一年生に北星余市の良さを生かせないのでは、という不安があった。全国から「イレギュラー」と言われる生徒たちが集まり、イレギュラーな先生たちもいる。親元から離れ下宿で暮らし、学校生活をともにする。そして否応なく、嫌でも、絶対に、誰かと関わらなきゃいけない時がくる。だけど、その「関わらなきゃいけない」を受け入れると、自分の中に摑めそうな何かが生まれる。そんな不思議だけど前向きな感覚を、新入生にも味わってほしいと思った。

新一年生との対面は六月になった。まずは話しやすい人だと思われるように、対面式や朝礼でギャグをして積極的にスベった（断じて、ウケを狙っていたわけではない、ということにしておこう）。いち早く新一年生全員の顔と名前を覚えようと、自分のなかの人見知りを封じ込めて関わりまくった。前期の活動はどれもが楽しくて充実したものだった。後期のダメさを払拭するくらい目まぐるしく駆け抜けた（ので逆に思い出せることがあまりない…）。

北星祭を終えて執行部を退任してやることもなくなった僕は、進路を考えざるを得なくなった。思えば二年生の辺りから、進路についてなんとなく考えては、考えるのが嫌になって逃げて、を繰り返して、不安が頭にこびりついていた。虚無感や喪失感、不安に襲われてしまうので、このあたりから寮へ帰らず学校に残り続けるようになっていった。意味もなく友達のところへ行き、人がいなくなったら今度は職員室にいる担任の先生の元へ、門限に間に合うギリギリまで入り浸り（過ぎちゃったときもあったけど）、どうでもいい話を先生に向けて話していた。先生は真面目に聞いてくれたが、僕はもうすぐ卒業してしまうというこ

なんだったんだ あの安心感は！

54期　島峻祐

とを受け入れきれず、心に穴がぽっかり空いたようで、たまに学校をサボったりもしていた。

三年の一二月、進路に絶望していたところに、別れたあとも僕が未練たらしく接していた元恋人に拒絶された（と勘違いした？）ことも重なって、完全に自暴自棄になり、勝手に寮から出ていって電車に乗って実家に帰った。ここで学校も辞めて全部なかったことにしようとも思うくらい、冷静ではなかった。このとき学校関係の連絡先も写真も全て消してしまったのは非常に悔やまれる。「何をやってんだー」！　そのタイミングでちょうど冬休みに入った。北星余市での色々なことを通じて少しは大人になった気がしていたけれど、本質としては何も変わってないじゃあないかとか、また考えてもどうにもならないことを考えた。いくら考えても煮え切らないまま休みが明けた。とりあえず卒業をするということを考えて、迷惑をかけた人に謝って、ダサいことはもうしないことを勝手に周りに宣言して学校生活に戻った。中学のときのように変なことをしてしまったので若干萎縮していたが、変わらず声をかけてくれた周りがありがたかった。そして、自分の進路という意味でも答えが出せないまま僕の三年は終わった。

そして今、北星余市を卒業してから三年が経った。

卒業してからの三年と、在学中の三年は、同じ三年でも密度という点では差が大きい。北星余市は、終わり方はどうであれとても濃い三年をくれた。というか自分で濃い三年をつくれた。なりよりそうできたのは、北星余市が周りの環境だけでなく、自分の気持ちもゼロから始められるところだったからだと思う。入学前の僕は考えてもどうしようもないこと（何もしていない自分への嫌悪感だったり、親への罪悪感だったり）ばかりに気持ちが向いていた。しかし北星余市に入学して、与えられた〝学校に通う〟という基本のミッション。これをこなせさえすれば、そのマイナスな気持ちは少なくなる。そうして残された十分な心の余裕で色々なことに踏み込むことができたのだと思う。

北星余市を卒業した僕は、入学前と同じような生活をして燻っていた。卒業して半年後、北星余市の文化祭へ行った。久しぶりの余市町（といっても半年ほどしか経ってないけど）。よく行っていたお店、場所、校内に落ちていたゴミにまで懐かしい感情が湧いてきて、写真に収めた。何もしていないことを悟られるかのように、同級生には再会と同時に「ちゃんとやってんのか？」みたいなことを言われた。そう言われることはわかっていたのだが、答えられることは何もなかった。元担任とも話した。元担任との話の流れで、車の免許をとることが、次に会うとき（また半年後の卒業式）までの宿題になった。さすがにここまでしっか

なんだったんだ あの安心感は！

54期　島峻祐

り約束して、次会うときに「なんもしてないっす（笑）」では済まされない。そう思うと体がすんなり動いて、自動車学校へ通い、合格し、再会のときに無事に宿題を提出（免許証を提示）することができた。北星余市は卒業後でも僕を後押ししてくれた。

なんだかんだで、いま僕は、最初に書いたとおりしがないフリーターをやっている。卒業後、北星余市のことを忘れてしまっているのじゃないかというくらい忙しくも楽しくやっている仲間がいるなか、僕はバイトが連休のときはどこよりもまず思い出深い余市へ行きたくなるし、北星余市でできた友達とは今でも通話をしながらゲームをしているし、在学中のひどくスベったことを思い出して声が出る（特に風呂場で思い出す）。そしてこの原稿を書いている。卒業してから冴えない暮らしぶりの生活のなかに、北星余市の成分はまだ健在である。まだまだ未熟な僕は、まだまだ北星余市にお世話になってしまいそうだし、そうならないようになったときが、僕の本当の卒業である。と、勝手に思っている（笑）。

答辞

卒業生代表　五四期　**藤井　琉太**

まず、この答辞を書きながら思ったんは、「果たして俺は最後までちゃんと読めんのか?当日ボロボロやったらそれどころちゃうぞ。いけるか?俺」って。案の定(※)ボロボロです。

（※原稿には「案の定ボロボロです」と「まだいけそうです」と並記されています。
当日、予想どおりに冒頭から「ボロボロ」になってしまいました。）

まあそれはそうと、長いな〜って感じとった時もあれば、早すぎやろって感じた三年間が今終わろうとしてます。一年の時はほんま長かったな。北海道なんか来たくないとこ強制的に行かされて、どこの誰かも分からん子らとめんどいルールがある共同生活。学校行ったら行ったでやかましい担任と、気なんか絶対合えへんって思う子ら、何もしゃべらん子ら、変な虚勢を張って上下関係築きたがる子ら。「俺そんなん中学校で通ったぞ」とか思てた時もあった。今考えたらバリダサイ。そんな感じで始まった北海道生活。

みんなも、少なからずマイナスな気分で始まった子らが多い思う。俺はそっから「ここで変わるんや」と思いながらも、「こんな所おっても気合う奴おらんし、ほんまに成長できんのか?」「地元のんが気楽で俺の事分かっとるし、学校やめよ」。標準語にさえも嫌気が差す時があった。やから親にも「ここおっても変わる気せんし、もう地元おっても大丈夫や。十分やっていける」とか言うて、何回もやめるやめる言うたり、長期休みの終わりとかも余市に帰りたくないっていうのが当たり前。今考えたら、成長しに来た言うてる割には何も自分からアクション起こさず、ただ「地元に帰りたい」だけの逃げ腰やった。もう一度言う、今考えたらバリダサイ。

藤井家の皆さんすいませんでした。

ほんでそんな感じで仕方なく続けとったら、まあ単純なんやろな、それなり楽しくはなってくる。

でも、二年の一学期に俺は思い知らされる。それは俺ら一部だけが楽しいと思ってるだけで、それ以外の子にとったら、なんもおもろないしむしろ迷惑、って思われてるって事に。その頃の二年生は、もうえげつないもんやった。もちろん全員ではない一部やけど、学年全体にそういう空気は流れとった。授業中は、好き勝手立ち歩くわ、関係ないことで喋り倒したり遊んだりして授業を止められたり、誰かが出されたり、授業を投げられたり。行事は行事で、準備や話し合いは何も参加せんくせに当日はちゃっかり出て楽しんだりしとった。

そんなヤバイ状況やから、五月くらいの放課後「これからどうすんねん」みたいな話し合いを本間ちゃんとクラスの何人かでしとったから、「俺ってどー思われてんやろな」思って軽い気持ちで行ってみた。ほんならそこは完全アウェイ空間。「あかん、来る場所ミスった」。そう思いながらも、あいつらに比べたら俺まだ優しい方やしそんな言われへんやろ思てた、喋ってんのあんま見た事ない気弱そうな女の子から「生理的に無理です」と言われた。俺はこんな子にそこまで言わせる程やったんかと、そん時いた他の子達にも色々言われて思い知らされた。けど、ショックよりも、「絶対仲良くなったろ」思て萌えた。

あん時言ってくれてありがとう。

それをいつもヤバイ子らに言うたら、びっくりしとって、「お前めっちゃ言われたな～」「でも言われてしゃーないぐらいやな」「気をつけていこ」ってなった。俺は正直、「なんやねんぁいつら」とか文句言うんちゃうか思てたから、それにもちょっとびっくりした。ほんで自分らなりにやけど、うるさくなってる思たら注意し合ったりした。ほんならみんなで頑張ろっていう雰囲気が伝染したんか、普段言われへん子からも「気緩んでんで」とか「うるさい」とか言われる様になって来て、なんか嬉しかった。俺は気づいた、「俺はドMかもしらん」って。

そんなことで色んな子らとも関わる様になって、実はめっちゃ天然とか、おしゃべりとか、変なこだわり持ってたり、すごい才能を持ってたりと、「この子こんな所あったんや」とか、自分にない所とかあって面白かった。みんなもこれは、この三年間で色々気づいたり、見たりして思ったと思う。この感覚、ここ卒業しても大事にしていこな。絶対人生もっと面白くなると思うから。

ほんで俺は、クラスの子らに、クラス委員に推薦された。そして当時大ファンやった女の子に「委員長やって」って言われて即答、「はい！やります！」。こん時俺は「もしかして何人かに頼りにされて期待されてる？」て思って、内心めちゃくちゃ嬉しかったんを覚えとる。みんなも要所要所、色んな場面で、誰かに頼りにされたり、期待されたりして嬉しい気持ちになったり、「よっしゃ頑張ろ」って思うことがあったと思う。ほんで逆に、頼ってええんや、っていう関係性も出来ていった思う。俺はそんな場面や雰囲気をいっぱい見てきたし、感じとって、素敵やなと思ってる。これからもそんなことはあると思う。そしたらそれに応えてみるのもええと思う。卒業した後でも、北星みたいに何かしら収穫があると思うから。

そして二年生の学祭は、春のあのヤバイ状況からは考えられへんぐらいのええもんに仕上がった。もちろん最初から順調な訳なかった。ちなみに俺らの合唱は、「二人はプリキュア」を歌ってんけど、それを嫌がってる子もおった。でもみんなで作っていきたかったし、みんなでやるおもろさを分かって欲しかったから、そう思っとる子らで「あの子どう巻き込む?」とか、「まずは俺らの「みんなでやりたいねんっ!」てのを分かりやすく出していかな〜」とか色々話し合ったり行動したりした。ほんなら照れながらも楽しそうにやってたり、急に熱入ってええ意味でイキり出す子もおったりで、みんなで一つんとこに向かって走ってる雰囲気でわくわくした。ほんで学祭当日、合唱の最後はみんなで手でハートを作る約束やったけど、さすがに全員はきついかと思てた。やのに、後でその時の写真を見たら全員ハート作ってて、あんだけ最初は嫌がってたばんしょうですら作ってた。そして店も大評判。「もう何これ、最高やん!」とそん時一緒にプリキュアのコスプレしとった相棒と本間ちゃんで学祭を振り返っとったら本間ちゃん号泣。今までのことを思ったらすごく愛を感じた。

そしてそこら辺からの時間の流れはばり早かった。

あっという間に三年生。コロナに三ヶ月奪われながらも、残りの生活を悔い残らん様にみんな全力でしたい事したいっていうエネルギーに満ち溢れた一年やった。やから、毎日毎日アホみたいにオモロイ事が起きるし、学校行くんが楽しかった。最初で最後の運動会も最後の学祭も最後のスポ大も全部に「最後」がつくのを噛み締めながらみんなで出し惜しみする事無く全力で楽しんだ。もう何をするにしても「俺ら五四期やったら全力で楽しめる気しかせん、もう無敵や！」思った。

俺はここまで色んなことを乗り越えて、そう思える様にまでなった五四期が大好きや。友達の駄目な所に気づいたら流さず一人一人真正面から向き合う、そんな五四期が大好きや。こんな仲え え学年見た事無いぐらい仲ええ、そんな五四期が大好きや。生徒会も一人一人が大事な部分を持って、一人じゃできん事を一二人でできたからこそ大成功できたと俺は思っとる。そんな生徒会が大好きや。

ほんまに北星余市で高校生できて良かった！　今思ったらこの三年間の当たり前にあった日常ももう再現できへん事がいっぱいある。

いっつも誰か遅刻して中々全員集まらん朝のH．R、体育の後の授業の静かさ、長いって感じる授業に対して一瞬で終わる休み時間、テスト前に焦ってやる一夜漬けの勉強、結局赤点で友達とけなし合うテスト返し、全部バレとんのに何とかあらがおうとした指導室、突然始まるカラオケ大会、友達とのめちゃくちゃ下手なドッキリ＆イタズラ、もし彼女ができたらとかいう友達とのアホ

speech

みたいな妄想、ドキドキした好きな子との帰り道、毎日誰かに借りたシャーペン、いつも聞こえてくるギターやドラムの音。

卒業はやっぱ寂しい。けどここで色んな事に気づいて、気づかされた俺らなら、ここを卒業して他ん所でももっともっと楽しめるはずやから、そん時は、キラッキラした顔のみんなと飲みながらでも昔のこと、今のこと色々話そうや。電話、絶対ワンコールで出ろよ！

ほんで在校生のみんなへ。俺は正直「この五四期超える学年出てくるか？」って思ってるから、また俺らが見に来るまでに、「自分たちは五四期超えたっすよ」ぐらいの自信満々の表情で全員楽しんでんのを期待しています。残りの学校生活、悔い無いように出しつくしてください。

ほんで五四期のみんな、最後の最後まで楽しんで最高の卒業式にしよ！

ほんまに色んな物をくれた北星余市、三年間お世話になりました。ありがとう。

私と北星余市

ひとりの臨床心理士からみた北星余市：ありえない、かけがえのない学校

北海道教育大学札幌校教授／余市教育福祉村理事長
平野　直己

はじめに：自己紹介から

北星学園余市高等学校の六〇周年をお祝い申し上げます。

最初に自己紹介からはじめます。私は臨床心理士で、若者のこころの発達と支援をテーマにして実践・研究をしている大学の教員でもあります。三〇年くらい前に少年鑑別所に勤めるために北海道に移住して以来、大学内に開設した心理教育相談室での心理療法・カウンセリングだけでなく、地域に出て行って一軒家を借りてフリースクールを主宰したり、キャンプや旅などのアクティビティを企画したりしてきました。これらの場所を通して、若者とその周りの人たちがワクワクしたり、クスリと笑うことができたり、ちょっと元気が出たり、自分の気持ちを打ち明けられたり、何も余計なことを考えず肩の荷を下ろしたり、自分が他の人たちにとって価値ある存在であることに気づいてみたり、つまりはこころの成長や栄養

や回復につながるかもしれないさまざまな出来事が起こりやすくなるような時間と空間（場所）と人間（相手となる人）とはどんなものなのかについて、実際の活動を発信していくことを生業としています。

北星余市との出会い

そんな私が北星学園余市高校に訪問するようになったのは、安河内先生が校長になられてからだと思いますので、たぶん二〇一一年度からです。

二〇〇九年の夏に青少年支援にかかわるさまざまな専門家の交流を目的とした国の研修会が国立日高青少年自然の家で開催されました。私は講師として参加しましたが、そこで安達俊子先生の旦那さまである尚男先生と出会いました。尚男先生から北星余市時代の教育実践と、当時ご夫婦で取り組まれていたビバハウスでの取組みについてのお話を聞かせていただき、こころが震えるくらいに感動したのを今でも覚えています。その出会いの興奮と懇親会のお酒が後押しとなって、安達先生ご夫妻のお力を借りて北海道でも若者支援をする人たちの交流の場を作ろうということになり、翌年から北海道の各地の持ち回りで一泊二日の交流会『シンタの集い』をスタートさせました。このシンタの集いに、安河内先生が参加してくれたのでした。二〇一二年には、シンタの集いを登町にある余市教育福祉村で行うことになり、いろいろあって私は五年前からこの村の理事長をしています。

カウンセラーなんていらない！

はじめて北星余市に呼んでもらったのは、校内研修会だったと記憶しています。二〇一一年度だと思います。夏に二日間にわたって全教職員が学び合う研修会で、非行や問題行動を行う子どものこころの理解についてお話をさせてもらいました。その夜には近くのバーベキューハウスで懇親会がありました。この学校の先生方はとにかくよく食べ、よく飲み、よく語り合われることが印象的でした。話題のテーブルには、生徒のこと、そして互いの教師としての実践とその考え方がありました。懇親会もかなり深まったところで、一人の先生が私のところにやってきました。そして「うちの学校には心理学とかカウンセラーはいらないと思っている」と言いました。私はそのように話をされたわけを伺わせてもらいました。私なりに理解したのは次のようなことでした。この学校では教育だけでなく、福祉や心理も含むさまざまな領域での子どもたちの理解を実践の中で照合させながら教員集団や教員個人で学び続けてきている。だからこそ、今回、心理学を専門とする人が本校に来ることが、自分たちの教育実践へのチャレンジと感じるのだ、ということでした。その時の私は、この挑発とも受け取れる発言に反発する気持ちが不思議と起きませんでした。むしろ北星余市の先生方の気概というか、生徒に向かう強い気持ちに胸が熱くなりました。そして一層、こんな熱い気持ちを持つ学校とスタッフの応援団としてどんな形でもいいから協力させてもらおうと決めたエピソードでした。

私が北星余市に通う理由：カタリバについて

そして、気がつけば、年に何回か呼んでいただいて、放課後の北星余市にぶらりと訪問するようになりました。私が職員室に顔を出すと、「先生方にお伝えします。会議室にお集まりください」と放送が流れます。すると、会議室に手の空いている先生方が飲み物を片手に集まってきます。そこで、九〇分ほど先生から思いつきの話を出してもらいます。思いつきの話と言っても、そこは北星余市ですから、テーマは自ずと生徒たちの話になるわけで、学級の中で起こった出来事、生徒の興味深い言動や性癖などといった、「理解不能な事柄」が話題のテーブルに上がると、みんなであれこれと思いつくことを話していくのです。いつ頃からか、この時間は「カタリバ」と命名されました。

このカタリバでは、正しい答えや一つのゴールがみつかることはほぼありません。誰かが出した話から思いついた別の事柄が連想ゲームのように数珠繋ぎのようにつながっていって、終わりには誰の話か、何の話かわからなくなることもあります。特定の結論を出すことよりも、他の先生の発言から、そういう見方や考え方もあるんだと目から鱗が落ちたり、ちょっと明日もう一度その生徒に声をかけてみようと思ったりして、なんとなく収まりがついたところで、その日のカタリバはおひらきになります。

このカタリバで一体何をしていると思われるでしょうか。私は、このカタリバで「心の理解のワーク」をしていると思っています。心のことは、それが自分のそれであっても、誰かのそれであっても、そうそうわかるものではありません。心を理解するというのは、その生徒の気持ちや思いや事情や求めているものといった〝心〟をわかるのではなく、わからないことを認めつつも諦めず、わかりたいと懸命に思いやり続ける姿勢や態度のことをいうのです。そのため、言動や行動のように見えたり聞こえたりするものの向こう側に何か事情や思いがあると、とにかく思いやってみるのです。

北星余市のカタリバは、私にとってとても有意義な時間です。それは、ここにいる生徒のみなさんがとびきりユニークだからということもあります。しかし、それ以上に、理解不能な思春期を生きる若者たちの言動や行動の向こう側には、必ずワケや事情があるのだと思いやってくれるという点にかけては、ここにいる先生方はピカイチだからです。その心がどんなものであったのか、その事情がどういうことであったのかが、たとえわかる日は来なくても、そんなふうに思いやってくれる大人たちの中で、子ども自身が自身や誰かを思いやる心は育ってくるのだと私は信じています。

ありえない学校、北星余市

こんなふうに、北星余市に訪問させてもらってつくづく思うのは、この学校がどんなに〝ありえない学校〟であり、〝かけがえのない学校〟であるか、ということです。

北星余市がありえない学校であることは、この学校を正面からみてみるとわかります。この学校には壁や塀のように学校と外を区切る「垣根がない」のです。

一九九九年一二月と二〇〇一年六月に、それぞれ京都と大阪にある小学校で、校内に侵入した者によって児童が殺されるという痛ましい事件が続いたことがありました。この事件が起きた大阪の小学校では、事件を契機に安全対策として、学校外からの来訪者に対して門扉を閉じ、警備員を配置してチェックを受けるという「垣根を作る」方針をとり、日本中の学校がこの方向で動くことになりました。しかし、これに対して京都の方の小学校は、地域の有志が「見守り隊」を組織し、門を閉ざすのではなく、多くの人間で子どもたちを見守る「垣根を作らない」方針を打ち出して、注目されることになりました。

外壁のない北星余市の正面玄関は、「門を閉ざさない」「垣根を作らない」という学校のありようを象徴していると私には思えるのです。言い換えるならば、立場や役割の違いがあっても、人との交流を絶やさずに、大人と子どもで互いに育て合うという目的で、垣根を可能な限り作らない方向性を目指す意志と覚悟を象徴していると思われます。

生徒への指導を担任に一任するのではなく、すべての先生が関与していく生徒指導に示されるような教師のあいだでの垣根の低さ、職員室のソファーには生徒たちがたむろしていることで示されるような教師と生徒のあいだの垣根の低さ、地域からの支援を受けて下宿生活をする生徒たちに示されるような地域と学校の垣根の低さ――これらはすべて北星余市の教育の特徴ですが、現在の学校教育の潮流においては、「ありえない」ことと言えます。

たとえば、ここの教職員たちの教育実践も独特のありえなさをもっています。卒業生が先生を訪ねて、一緒に食事をしたり、プライベートの付き合いをしていくことがSNS等で発信されています。こんなことは今日の学校では、教師の活動としてあまり積極的に推奨されないものと言えます。教師という立場や役割を失うことなく、どこまでも付き合っていく決意と覚悟、そして高い倫理観がそこになければ、できないことです。

かけがえのない学校、北星余市

次に、北星余市はかけがえのない学校です。つまり、かけがえのなさには、この学校がもし廃校になってしまったら、もう二度とこんな高校を創ることができないだろうという意味も含まれています。上に述べてきたようにありえないほどの垣根の低さも、かけがえのないことと無関係ではないと言えます。

ある時、学校の運営に詳しい方からお話をうかがう機会がありました。その方は定員割れをしている高校や大学を、人気の学校へと変貌させてきた実践をいくつも例示してくれ、学校を魅力的にするヒントを得ることができました。しかし、その方のサクセスストーリーを聞いていて、私の中にちょっとした違和感がありました。その方の語る〝良い学校づくり〟とは、たくさんの受験生を集めて、学力試験によって上位にある人から取っていくことで、学校の価値が高まっていくというモデルに聞こえたのです。この論理でいくと、学校を存続させることとは、今、受験しにきている生徒たちが入れない学校にしていくことにならないでしょうか。その方のお話は、生徒の側に立った学校づくりではなく、存続しうる学校という観点からの学校づくりのお話だったのです。

北星余市のかけがえのなさは、このような学校づくりのあり方とは、ある意味真逆の価値を持っているのではないかと思うのです。つまり、この学校の価値は、一九八八年からずっと変わらず同じ生徒を受け入れ続けてきていることにあるのではないか、ということです。

おわりに：よい学校を測るもう一本のものさし

よい学校を測るものさしとなるものは何でしょうか。学校の指導や方針に従順であったかを示す内申点でしょうか。数値化されるテストの結果の上位者を入学させる学力試験でしょうか。こうしたものさしが当たり前になってきたからこそ、日本中の学校は、できる子とできない子を作り、問題のない子と問題のある子を生み出し続けているように私には思えます。

これらと異なるものさしをもっているのが、北星余市の本当の価値だと思うのです。ではこのものさしは、どんなものだと言えるのでしょう。私は、この問いを自分の言葉で言えるようになりたいと思っていますが、うまく言えないままでいます。それが、まだ北星余市にかかわり続けている理由になっています。

先に私はこの学校の価値として「ずっと変わらず同じ生徒を受け入れ続けてきていること」と書きました。同じ生徒とは、心のどこかで、これまでの学校生活で得られなかった人との出会いを、もう一度学校に求めたいと思っている若者たちだと私は思っています。そんな彼らの思いに対して、うっとうしいほどにかかわり続けることで応えようとする、ありえなく、かけがえのない北星余市の先生方の応援団として、この学校に通い続けることができたらと思っています。次の一〇年も。

あとがき―「民主主義の底上げ」のためにも―

北星学園余市高等学校教員　本間　涼子

いや～、楽しかった！　大変やった！　楽しかった！　嬉しかった！　楽しかった！　腹も立った！　楽しかった！　ハラハラもした！　楽しかった！……この時間を終わらせたくなくて私は「あとがき」を書くのを渋っていたんだと、書き終えた今気づきました。今、寂しい気持ちでいます。

卒業生をメインに、「北星余市」と関わりのあるゲストからの寄稿文で、「北星余市ってなんだ？」を見つめてみました。そこには「しめしめ」というものから、「え、そんなところにそんなものが⁉」というものまで、いろ～んな、本当にいろ～んな〝きっかけ〟が、転がっていました。そして、「学校ってなんだ？」ということを、〝学校〟が、誰のための場所なのか、何が大切にされている（されるべき）場所なのか、どこに向かってる（繋がってる）場所なのか、ということを、改めて、考えさせられました。

一〇月上旬の刊行を目指して、卒業生に伝えた締め切りは三月上旬。私ごと（仕事やから

〝私ごと〟じゃあないのか？）ですが、四月から一年生の担任をすることになり、そりゃあ「北星余市の一年生の担任」をするということは「本、作ってる余裕なんかないから！」となることがわかっていたので、その前にある程度形にしておこうという魂胆で設定した締め切りでした。しかし、最終的に原稿やら写真やらタイトルやらが揃ったのは七月中旬……。嬉しいことに、原稿をお願いした卒業生はどの子（？）も、「書きたい！」と快諾してくれました。しかし、自分の大切なものに取り組む時によくあるように、締め切りはどんどん破られていったのです。

中には、「こういうことを書きたいけど、どうしたら伝わるかなあ？」と相談してきた子がいました。「書きたいけど、本当に書きたくて引き受けたけど、今の生活との両立ができなかった」とギリギリのところで辞退した子もいました。あるいは、「書きたいし、書くし、でもここまで書くのが精一杯、でもそれでも書きたい、知ってほしい！」として、正直「もっと書けるやろ！」というような不十分な原稿を出した子も。そういうときに、「お願いした原稿を引き受けてもらっている」という姿勢ではなく、「この子（？）は今これを書くことで、自分の立ち位置を整理したり、これからやるべきこと（やりたいこと）がクリアになったりするんや！」と本の出来はそっちのけにして、この記念誌の作成というオフィシャルな取り組みを「生徒(?)指導」のひとつとして利用(?)していた私がいました。そしてそのやりとりは、忙しいながらも……そう、そのときの感情が、冒頭に漏れてしまっているものです。そういう意味でこの本は、「誰のための、何のための本なのか?」が曖昧に仕上がっているような気がします。北星余市を知ってもらうことを通して、〝学校〟について、子どもたちの未来を共に考えてくれる人を生み、つながり、力に、動きにしていきたいのか。卒業した「ウチの子」の、卒業後の〝きっかけ〟にしてほしいんじゃないのか。卒業生たちの原稿を何度も読み返し、振り返ると、そこんところがよくわからないものになってるなー、という気がします。ただ、そういう気がしながらも、それらは同居できる(むしろ高め合える?)気もするので、まあいいか、とも思ったり……。

寄せられた原稿の中には、北星余市での出来事だけでなく、日本の教育(制度)の歪みを指摘したものがありました。そしてそれらがどれだけ、子どもたちを(そして保護者をも)追い詰めているのかをも。また日本(世界)の抱える社会問題に踏み込んだものがありました。子どもたちにはそれらを「違和感」としてキャッチできる「センサー」があります。私は北星余市で子どもたちと関わる時に、よく思うのです。「ここまで、よくぞこのセンサーを失わずに、鈍らせずに、北星余市に辿り着いてくれた(そして私と関わってくれた)!」

と。この「センサー」を持ちながら日本の学校で生活することは多くの子にとって、生きづらいようです。それゆえ「センサー」を鈍くして周りに合わせ、そうしているうちに、本当にその「センサー」が働かなくなってしまった「大人」が、日本にたくさんいるのではないのでしょうか。そして鈍らせることができず、周りに合わせることのできなかった子たちが、(今は少なくなりましたが)「非行」に走ったり、不登校になったり、引きこもったり……して、無自覚にその「センサー」を大切に守ってきてくれたのではないでしょうか。そして、そうやって子どもたちが守ってきてくれた「センサー」を通して私は、ハッとするような気づきを、問いを、これまでたくさんもらってきたのです。

また原稿には、子どもたちの欲しているもの、求めているものが素直に、ストレートに、書かれていました。

この本を手に取ってくださったみなさんが、この本をきっかけに、隣にいる人と一緒に、教育の本質について、「学校ってなんだ?」と考えてくれることを祈ります。「民主主義の底上げ」のためにも。

最後に……いただいた原稿から、北星余市がいかに多くの人たちから大事にされているのか、応援されているのかを、様々な角度から再認識させていただきました。(次の一〇年とは言わず）これからも、この場所を大切に守っていくひとりでありたいと、やや鳥肌の立つ想いでいます。そして、この本の制作を手伝ってくれた靖子。卒業生の保護者（ＰＴＡ　ＯＢ）であるということもありますが、締め切りをちょいちょい破る私にハラハラしながらも信じてどんと構えて（本当はドキドキ）、打ち合わせをせずとも北星余市の雰囲気が滲み出る仕掛けを用意し（楽しかった！）、またそこで交わる人たちの言わんとすることをうまいこと引き出してくれました（うまくできたかなー）。それは、自分とこの子だけじゃなくヨソの子も、そして自分とこの子が卒業した後に北星余市にやってくる子のことすらも気になって北星余市に顔を出し続けてくださる、北星余市のＰＴＡ　ＯＢならではの技なんでしょう！

そんな北星余市の応援団は、全国に転がって（笑）いるのです！

開校 60 周年記念誌
学校ってなんだ？
北星余市高校に転がっている〝きっかけ〟

2024 年 10 月 5 日　第 1 刷発行

編　著　北星学園余市高等学校
〒046-0003 北海道余市郡余市町黒川町19丁目2-1
Tel：0135-23-2165
発行者　小　口　卓　也
発行所　樹 芸 書 房
〒186-0015 東京都国立市矢川3-3-12
Tel&Fax：042(577)2738
jugei_042@road.ocn.ne.jp
印刷・製本　明誠企画株式会社

ISBN978-4-915245-82-4
定価はカバーに表示してあります